Strandet i Hvalrosbugten, august 1945 til august 1946

En beretning om et års ophold på det amerikanske luftvåbens vejrstation i Hvalrosbugten, Scoresby Sund, Grønland.

Walter R. West

Strandet i Hvalrosbugten, august 1945 til august 1946

En beretning om et års ophold på det amerikanske luftvåbens fremskudte vejrstation[1] i Hvalrosbugten, Scoresby Sund, Grønland

Oversat fra engelsk efter: "The Year – August 1945 – August 1946"

Oversat og kommenteret af Peter Pedersen

---

[1] På amerikansk betegnet: The US Air Forces Outpost Weather Station

© 2025 Peter Pedersen

Redaktion: Peter Pedersen

Korrekturlæsning: Orla Bech

Bogen er udgivet med støtte fra Kaptajn Alf Trolles Legat

Forlag: BoD · Books on Demand, Strandvejen 100,

2900 Hellerup, bod@bod.dk

Tryk: Libri Plureos GmbH, Friedensallee 273,

22763 Hamborg, Tyskland

ISBN: 978-87-4305-960-8

Til far – med kærlighed og respekt for alt, hvad du har gjort for os. Tak fordi du nedskrev dine erindringer og tanker fra den tid, der var så vigtig i dit liv.

Rob og Mindy

Indholdsfortegnelse

Oversætterens indledning.

Fra maj 2017 til maj 2018 var jeg udlånt til Grønlands politi som politiassistent i Ittoqqortoormiit (tidligere Scoresbysund) på Grønlands østkyst.

En sommerdag begav jeg mig, sammen med min lokale kollega, ud til et sted ved navn Hvalrosbugten, som ligger i en afstand af kun et par kilometer fra byen. Man kommer til Hvalrosbugten via en vej, som en lokal entreprenør har lavet hen over fjeldet langs fjorden for ikke så mange år siden. Før den tid var man nødt til at vandre hen over fjeldet, eller, når det var vinter, med hundeslæde, på ski eller snescooter. Man skal ikke have den helt store fantasi for at forestille sig, hvorfra Hvalrosbugten har sit navn. For nogle generationer siden var det netop her, hvor der på bestemte tider af året samledes i snesevis af hvalrosser. Det var et godt sted at jage, og det gav mad, skind og elfenben i overflod til bygdens beboere. Om det er på grund af for intens jagt, eller almindelig nedgang i hvalrosbestanden vides ikke, men nu om dage går der endog megen lang tid imellem en hvalros lokaliseres i Hvalrosbugten.

Turen til Hvalrosbugten er meget smuk. Når man er nået frem, finder man sig selv på en stor strand eller rettere sagt, en slette. Om sommeren er stedet populært blandt byens befolkning, ikke mindst børnene og de unge. På lune sommerdage og i de lange, lyse nætter mødes man til grill, guitarsang og fester, mens børnene bader i bugtens stille og lune vand. Sidst på sommeren kommer vandtemperaturen helt op på 7-8 grader. Midt på sletten bruser vandet fra en lille elv, som har sit udspring langt oppe i fjeldene. Dens klare vand danner et lille delta på stranden, og midt på sommeren trækker fjeldørreder op ad elven til søen oppe i fjeldet. Det var under denne tur jeg fik øje på noget, der fangede min opmærksomhed. Lidt længere fremme anede jeg konturerne af det, jeg troede var noget affald, måske byggeaffald? Da jeg nåede derhen sammen med min lokale følgesvend, kunne jeg se, at det var resterne af noget, der lignede gamle træbarakker. Der var også et par væltede antennemaster, et par rustne brændekomfurer, og kasser med galvaniserede beslag med mere. Der sås også det, der utvivlsomt var trægulve fra tidligere barakker. Jeg spurgte min kollega, hvad disse ting stammede fra, og han kunne fortælle, at det var de sørgelige rester efter en vejrstation, som den amerikanske hær etablerede på stedet under anden verdenskrig. Jeg fik også fortalt, at jeg kunne blive klogere på hele historien, hvis jeg gik på det lille museum i byen.

Oversigt over resterne af vejrstationen i Hvalrosbugten, september 2017.
Foto: Peter Pedersen

Så var min nysgerrighed vagt. På det tidspunkt, var der ingen til at passe museet, men jeg fandt frem til en, der lånte mig nøglen med ordene: "Så kan du selv gå ind og kigge." Det gjorde jeg så. På museet fandt jeg billeder og enkelte beskrivelser af 11 amcrikanske soldater, der omkring tidspunktet for Anden Verdenskrigens afslutning, havde bemandet vejrstationen fra august 1945 til august 1946. Fra et gammelt avisudklip kunne jeg også se, at én af disse soldater havde været på besøg i byen, cirka 5 år forinden min ankomst til byen. Jeg noterede mig hans navn: Walter R. West.

Nysgerrighed drev mig til at prøve at finde frem til denne soldat. Jeg blev tryllebundet ved tanken om at få mulighed for at komme i kontakt med ham, hvis altså han stadig var i live. Efter nogen tids søgen på internettet fandt jeg frem til en portal, hvor man kan søge efter nulevende og afdøde amerikanske krigsveteraner. Her var jeg så heldig at finde et match på navnet. Det fundne navn angav desværre, at personen var død. Det fremgik dog også, at denne Walter R. West efterlod sig to børn, Robert og Mindy. I min videre søgning var jeg så heldig at finde frem til e-mailadressen på en fru Mindy West. Uden at nære de helt store forhåbninger sendte jeg en kort e-mail til vedkommende med min efterlysning. Der gik ikke mange timer, før jeg modtog svar: "Bingo, jeg havde fat i den rigtige."

På den måde kom jeg i kontakt med både Mindy og hendes bror, Robert, i daglig tale blot kaldet Rob. De bekræftede begge, at deres far, Walter R. West var soldaten fra Hvalrosbugten, og han desværre var afgået ved døden få år forinden. Vi fik en god kommunikation i gang, og det viste sig, at Walter West udførligt havde nedskrevet sine erindringer fra de 12 måneder, han var i Hvalrosbugten. Det havde været hans intention at mangfoldiggøre materialet, men han døde desværre inden han fik det gjort færdigt. Efter farens død, besluttede Rob sig for at han ville færdiggøre sin

Brændekomfuret stod der stadig, september 2017. Foto Peter Pedersen

fars arbejde, og sådan gik det til, at den spændende historiske fortælling om den unge soldats militærtjeneste langt væk hjemmefra udkom i bogform i 2018.

Jeg måtte selvfølgelig have fingre i bogen. Efter at have læst den, fandt jeg dette lille stykke krigshistorie så interessant, at jeg synes det fortjener udbredelse i en dansk version. Derfor er jeg Mindy og Rob meget taknemmelig, at de har givet mig tilladelse til at oversætte bogen til dansk, og det har jeg nu gjort efter bedste evne. Jeg er ikke perfekt udi engelsk – og slet ikke amerikansk-engelsk, men jeg har gjort mit allerbedste. Opgaven var langt større og sværere, end jeg havde forestillet mig. I bogen er der brugt et utal af militære termer og fraser, som jeg ikke kendte, og der er brugt en hel del (gammeldags?) slang, som jeg heller ikke kendte. Jeg har måttet bruge adskillige timer på at læse mig frem til betydningen af alle disse ukendte militære termer, fraser og slangudtryk. Jeg mener dog, at det er lykkes at få et godt resultat ud af anstrengelserne.

Alle fodnoter i bogen er tilføjet af mig. Det har jeg valgt at gøre på de steder, hvor jeg mener, det kunne være nødvendigt for at fremme forståelsen af et givet ord, stednavn eller begreb.

Denne bog bliver nok ikke nogen bestseller. Det er heller ikke målet. Målet og håbet er, at historieinteresserede vil finde fornøjelse og interesse i at få et indblik i disse 11 unge soldaters prøvelser, frustrationer og glæder, under deres et år lange isolation på vejrstationen i Hvalrosbugten, cirka 500 kilometer nord for polarcirklen.

Det har i hvert fald været både interessant, spændende og frem for alt, lærerigt at bruge tid på dette "lille" projekt.

Tak til Robert West og Mindy West for at give mig lov til at arbejde med bogen.

Æret være Walter R. Wests minde.

Forord af Robert West, 2016

Nytårsaftensdag i 2016 blev vores far permanent sengeliggende på grund af den cancer, han havde været angrebet af i over 15 år. Med en krop, der ikke længere fungerede, men stadig mentalt skarp, snakkede vi løst og fast om forskellige ting, som måske – måske ikke, var vigtige for ham på hans sidste dage. Der var imidlertid ét emne, som blev ved med at dukke op, og som lod til at være det vigtigste af alt. Det handlede om, hvorvidt den fortælling, som han havde skrevet om det år, han opholdt sig i Grønland i slutningen af Anden Verdenskrig på en øde militær vejrstation, nogensinde ville blive færdig så den kunne publiceres.

I de afsluttende dage af Anden Verdenskrig blev far, som en del af hans militærtjeneste, sendt til Hvalrosbugten i Grønland. Her var placeret en fjerntliggende vejrstation på Grønlands østkyst. Vejrstationen var afgørende for at forudsige vejret i det Nordatlantiske operationsområde, hvorfor far og hans soldaterkammerater skulle betjene og vedligeholde den. Vejrstationen i Hvalrosbugten var en del af et netværk af fjerntliggende og isolerede arktiske vejrstationer, som strakte sig fra Baffin Island (nordøstlige Canada) til Grønland. Tilsammen muliggjorde disse vejrstationer, at militæret kunne flyve tropper og forsyninger langs "The Great Circle Route[2]" fra Nordamerika til Europa. Dagligt, nat og dag, sommer og vinter. Denne vigtige transportrute blev holdt tophemmelig under krigen, og var først frigivet til offentligheden i oktober 1945 (se billede 90, New York Herald Tribune, oktober 1945)

Selv om krigen sluttede blot få dage efter de ankom, forblev det 11-mands store hold på Hvalrosbugtens vejrstation, så vejrudsigterne kunne fortsættes, idet tropper og forsyninger begyndte at vende hjem fra Europa. I takt med at vinterens pakis lagde sig, blev det åbenbart, at de ikke ville komme hjem lige med det samme, så mandskabet forberedte sig på en

---

[2] The Great Circle Route, eller: Storcirkelruten, er betegnelsen for den korteste bane mellem to punkter på overfladen af en kugle. Langdistanceluftrafik bruger til dagligt storcirkelruter, hvilket sparer tid og brændstof. Navigationsradiosignaler følger også store cirkelstier

lang, grønlandsk vinter. De holdt sig beskæftiget med såvel stationspligter, samt besøg og aktiviteter med de indfødte[3] i Scoresbysund[4].

Igennem årene havde far lavet kopier af sine beskrivelser, som inkluderede fotokopier af fotografier og fotokopier af den håndskrevne tekst, som han havde sat sammen til bogformat. Løst gemt i ringbindet var også samlinger af tilføjede skrifter. Skønt den indledende tekst var til stede, var den langt fra at være klar til at blive distribueret til et større publikum. Under gennemgang af hans gemmer – han havde heldigvis (eller uheldigvis, afhængig af, hvordan man ser det) aldrig smidt noget væk. Jeg fandt nogle af de originale negativer, svarende til billederne i bogen, og jeg fik dem scannet, så de nu kan deles i høj opløsning, sammen med teksten, som jeg har omskrevet til et format, der kan offentliggøres. Disse dejlige fotografier dokumenterer det daglige liv på en fjerntliggende, arktisk militær vejrstation, såvel som i den nærliggende landsby, Scoresbysund, med en kultur, som i 1946 var på nippet til at ændres for altid. Vores fars fotografier og skrifter eviggjorde både ånden af eventyr, set gennem øjnene af en 21-årig ung soldat, langt hjemmefra for første gang, og hans åbenlyse fascination og spænding ved at deltage i de lokale beboeres livsmønster, som han var så privilegeret at deltage i. Beretningen omtaler også en bemærkelsesværdig fangsttur i kajak efter narhval, samt en hundeslædetur nordpå for at fange fugle.

Jeg håber, at du vil nyde denne beskrivelse af et år i et af de smukkeste og barskeste miljøer på Jorden – Nordøstkysten af Grønland, nord for Polarcirklen.

---

[3] De indfødte: Forfatteren brugte dette begreb mange gange, nærmest konsekvent, i bogen. I nutidens sprogbrug er det ikke særlig mundret, så jeg har valgt fremover at bruge begrebet: "de lokale" i denne bog.

[4] Scoresbysund: refererer til byen af samme navn (i dag hedder den Ittoqqortoormiit), og ligger ved ind-/udsejlingen til Scoresby Sund, som i øvrigt er verdens største fjordsystem.

Tillæg af Mindy West

På vores fars sidste dage, var min bror og jeg forbløffede over, hvor levende og meningsfuld hans hukommelse var om året 1945-1946 i Grønland. Vores far var en eventyrer. Han kunne godt lide at prale med, at han havde været på alle kontinenter, og besøgt 57 lande. Han fotograferede og opfangede hvert eneste minde meget smukt. Men, det var det år, han opholdt sig i Grønland, som var det mest betydningsfulde for ham.

I en artikel i The Daily Chronicles of World War II, dateret 10. April 1941, nævntes Grønlands rolle i "Vejrkrigen." Tyskerne, danskerne og amerikanerne indså alle vigtigheden af Grønlands fjerne beliggenhed for at indhente og forudsige vejrinformationer til brug for krigsaktiviteter.

Min far var ingeniør og et naturtalent udi sin viden om vejrforudsigelse. I kapitel 3 i hans beskrivelse, vil du kunne læse, hvordan de kom omkring vejrforudsigelse ved brug af "radio sounding" (radiosonde), og miniature radiosendere forbundet til store vejrballoner. Disse sendere sendte data til radiooperatører på jorden, sammen med oplysninger om vindretning i atmosfæren. Også kaldet RAWIN[5].

Hvad jeg især holdt meget af ved fars Grønlands-eventyr, var de smukke og håndlavede effekter, han bragte med hjem. Et par støvler, et cigaretetui og en knivskede. Jeg husker, at han bragte disse effekter med til min skole, hvor vi diskuterede dem i klassen, tillige med hans oplevelser. Jeg var meget stolt af min far!

Jeg deler min brors håb om, at I vil fornøje jer med denne "moderniserede" version af min fars tekst. Jeg sætter stor pris på min bror, Robs omhyggelige indsats med at bringe denne beskrivelse, som er skrevet på skrivemaskine, og overført til dets nuværende digitaliserede format – også hvad angår fotografierne fra de originale negativer.

---

[5] RAWIN: En metode til observation af vindhøjde. Det vil sige bestemmelse af vindhastigheder og retninger i atmosfæren over en vejrstation

Prolog (skrevet af Walter R. West i 1992)

Fra August 1945 til August 1946 var jeg medlem af en 11-mands besætning på en af hærens luftvåbens isolerede vejrstationer på Grønlands centrale østkyst, 500 km over Polarcirklen.

I tiden op til jeg blev informeret om, at jeg skulle til denne forpost, havde jeg haft over 26 måneders forskellige træningsopgaver af mine i alt 29 måneder i aktiv tjeneste: Pre-Meteorology Program (pre-meteorologisk program) ved Brown University, derefter Weather Observer (vejrobservatør) træning, og endelig tjeneste ved RAWIN (bestemmelse af vindhastigheder og retninger i atmosfæren), samt træning i brug og vedligeholdelse af nyt, sofistikeret vindmålerudstyr. Jeg havde set frem til at gøre tjeneste i den "rigtige krig", og det var på den tid, hvor vi alle forventede, at krigen mod Japan ville vare yderligere flere år.

Netop som vi overtog stationen, sluttede krigen mod Japan imidlertid. På grund af den uigennemtrængelige storis[6], og mangel på tilstrækkelige transportfaciliteter, kunne vi ikke blive afløst og hjemsendt fra tjeneste. Vi havde ikke anden mulighed end at blive i det år, der oprindeligt var planlagt. Således var vi bestemt til at blive "de sidste mænd i Arktis, og de sidste mænd til at blive løst fra aktiv militærtjeneste i Anden Verdenskrig."

For bedre at kunne huske det, jeg oplevede under vores år på vejrstationen, tog jeg notater af vores oplevelser og følelser.

Vi blev endelig hjemsendt i august 1946.

I 1948, efter jeg havde færdiggjort min grunduddannelse, sammensatte jeg mine notater til et indledende manuskript. I årene efter kiggede jeg kun sjældent på det.

Nu, 46 år senere, i 1992, i en tid, hvor vi alle bliver fanget af nostalgi over, hvad vi bedrev for 50 år siden under krigen, har jeg besluttet mig for at færdiggøre disse memoirer, mens der stadig er tid, og mens jeg stadig kan.

---

[6] Storis er isflager, der strømmer ud af Det Nordlige Ishav (Det Arktiske Ocean) mellem Grønland og øen Spitsbergen. Storisen transporteres af Den Østgrønlandske Strøm langs Grønlands østkyst hele vejen til Kap Farvel og herfra videre til Sydvestgrønland.

Som jeg skulle erfare mere end fyrre år senere, har jeg indset, at vores oplevelser aldrig kan gentages. Verden havde forandret sig, og sammen med det også Arktis, som vi kendte det.

Kort, diverse aktuelle

Nordamerika

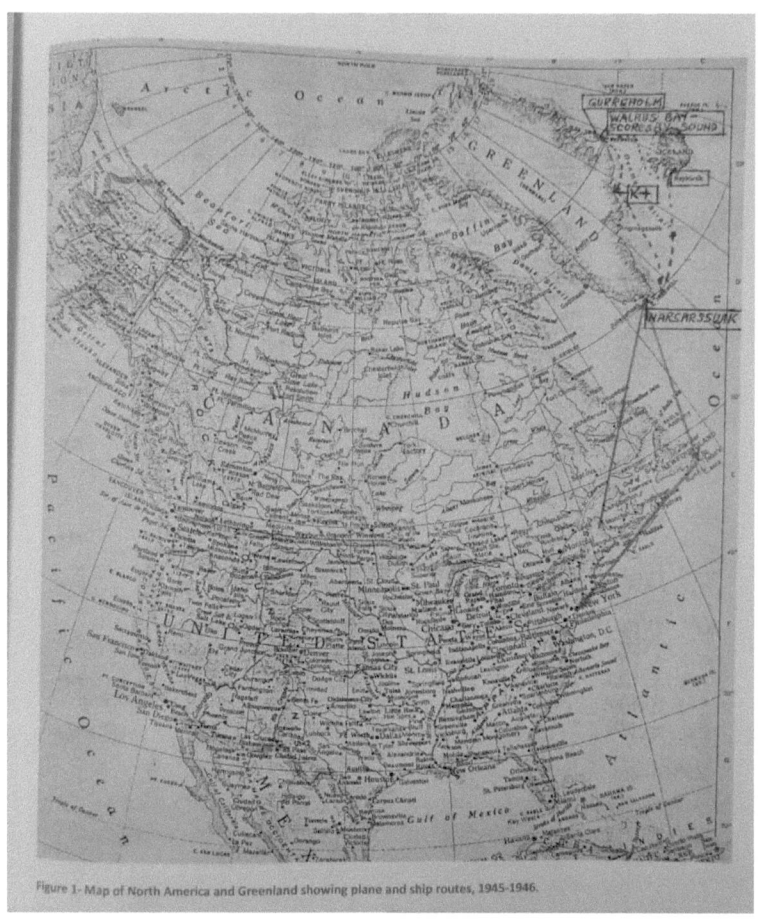

Figure 1- Map of North America and Greenland showing plane and ship routes, 1945-1946.

Kort af Nordamerika og Grønland, visende fly- og skibsruter, 1945-1946.

Grønland

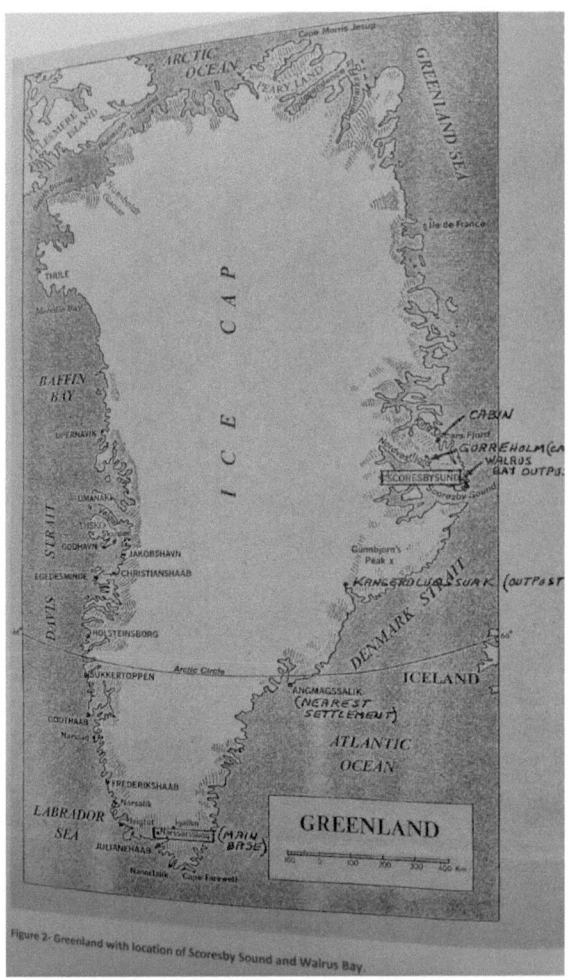

Figure 2- Greenland with location of Scoresby Sound and Walrus Bay.

Kort over Grønland med Scoresby Sund og
Hvalrosbugtens placering

Scoresbysund

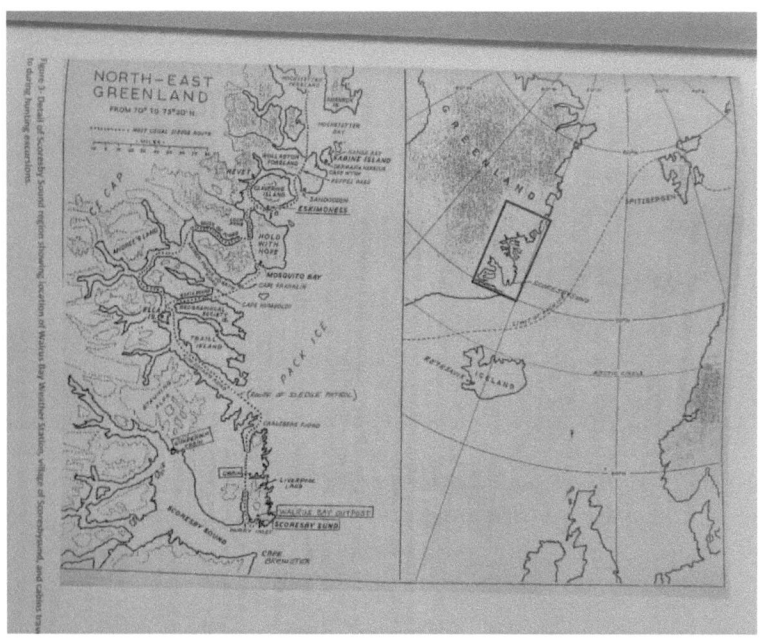

Detaljer fra Scoresby Sund regionen, visende placeringen af vejrstationen i Hvalrosbugten, landsbyen Scoresbysund og de hytter, vi besøgte på vores ekskursioner.

Satellitkort

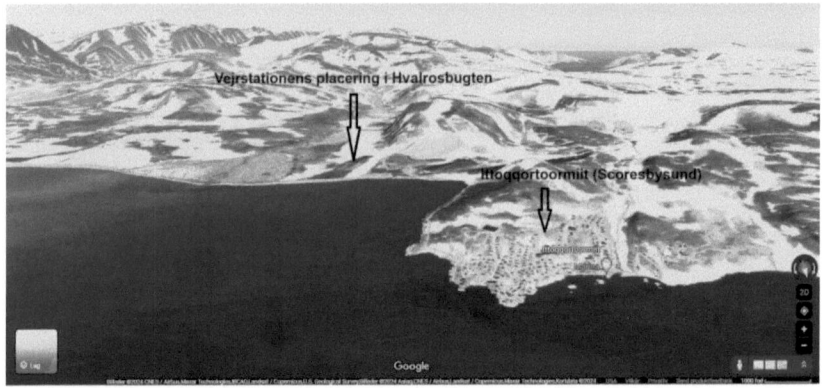

*Google Earth skærmprint, visende placering af vejrstationen i
Hvalrosbugten, med landsbyen, Ittoqqortoormiit (Scoresbysund) i
forgrunden*

Kapitel 1 – Introduktion til Grønland og Hvalrosbugten

I august måned 1945 forårsagede atombomben en pludselig slutning på kampene i Anden Verdenskrig. Indenfor få måneder var de fleste amerikanske væbnede tropper demobiliserede. For os 11, der havde overtaget tjenesten på forposten i den arktiske vejrstation, var der imidlertid ingen chance for snarlig hjemsendelse. Det uigennemtrængelige arktiske ishav havde umuliggjort al anløb efter forsyningsskibene, som havde bragt os til vejrstationen, var afsejlet. Det eneste vi kunne gøre, var at vente på den følgende sommer, som oprindelig planlagt. Vores pligter bestod i at levere nødvendige vejrobservationer, der var påkrævede for succesfulde luftfarts operationer over Atlanterhavet til og fra Europa.

Følgende beretning om observationer og hændelser i det år er resultatet af missionen på den arktiske forpost. Den er baseret på de noter, som jeg startede med at skrive i de lange vinteraftener, når der ikke var så meget at lave. Der var perioder med utallige storme, som almindeligvis raser dér, og hvor vi ikke kunne vove os udenfor, og derfor skulle slå tiden ihjel.

***

Min egen historie i forbindelse med denne konkrete oplevelse startede i transitlejrens barakker på Grenier Field, New Hampshire, den 19. juni 1945. Kermit Morgan, en af mine klassekammerater i radiosonde (RAWIN) kurset ved Harvard Universitet, Fort Monmouth, og Chanute Field, Illinois, var ankommet en uge forinden, og det var ham, som introducerede mig til min nye station i the Army Air Forces Eighth Weather Squadron (Hærens Luftvåbens Ottende Vejreskadrille). Han fortalte også, at han havde haft valget mellem at gøre tjeneste på Bermuda eller Grønland. Det var indlysende, at siden jeg var på vej til Grønland, havde han valgt Bermuda.

Den følgende morgen, da jeg meldte mig på hovedkvarteret, blev jeg givet yderligere information vedrørende min fremtid. Da jeg havde fordøjet alle informationerne, indså jeg, at jeg skulle være i ganske særligt selskab. Mit tjenestested det kommende år skulle være en isoleret vejrstation ved Hvalrosbugten i Grønland. "Hvor er det?", spurgte jeg. Jeg fik fortalt, at det var lokaliseret på den centrale østkyst af Grønland, nær en lille landsby ved Scoresbysund Fjord. Den besætning, der på daværende tidspunkt bemandede stedet, var planlagt til at blive afløst sidst i juli måned.

Forsyningsskibet, "USS BELLE ISLE" skulle afgå fra hærens base i Narsarsuaq, Sydvestgrønland, omkring den 1. juli, så jeg skulle nødvendigvis afsted, så jeg kunne nå at komme med det skib.

I hovedkvarteret mødte jeg også min formodede, kommende RAWIN-partner, Bill O'Dea. Vi havde begge været præ-meteorologistuderende, og var efterfølgende blevet vejrobservatører på grund af den omklassificering, alle studerende havde fået. Hans træning i RAWIN var dog begrænset til betjening af udstyret, hvorimod jeg var trænet i både drift og vedligeholdelse.

O'Dea var offer for omstændighederne, næsten ligesom jeg. Han havde også en ven, der var ankommet til basen få dage før ham, og som også fik valget mellem Bermuda og Grønland. Vi konkluderede derfor, at vi kunne trøste hinanden gennem det kommende år.

Jeg så ikke O'Dea de kommende dage. Han rejste den følgende morgen til Presque Isle, Maine, som er startpunktet for den store cirkelluftrute til Europa via Labrador, Grønland, Island og Skotland. Siden jeg stadig skulle igennem de nødvendige procedurer og godkendelser, forlod jeg ikke Grenier Field før tre dage senere.

Turen til Presque Isle med tog var begivenhedsløs, ja endda til tider kedelig. Den faldefærdige jernbanelinje, der blev kaldt Bangor and Aroostook Railroad har kun et spor, og toget stopper praktisk talt ved hver eneste telegrafmast langs ruten gennem Maine. George Singer og Jim Selfridge, to vejrobservatører, som for nylig havde gjort tjeneste i Labrador, og som nu havde meldt sig som frivillige til forpost tjeneste i Grønland, var på samme rejseordre som jeg. Af deres entusiasme lærte jeg meget om at gøre tjeneste på en arktisk forpost, og jeg begyndte at tro på, at det nok ikke ville blive så slemt endda.

Under ventetiden i forbindelse med dette korte togskift i Boston, lykkedes det min bror, Bill, at slippe væk fra kontoret i marinehovedkvarteret for at hilse på mig. Efter vi havde taget afsked, følte jeg mig helt alene i verden, og langt fra nogen, som jeg kendte.

Jeg vidste kun lidt om, at dette kun var begyndelsen på et langt år.

Presque Isle, Maine, den nordligste militærbase i det østlige Air Transport Commands (ATC) Nordatlantiske "snebolde rute" til Europa bød os velkommen". For mange mænd var dette deres stationeringssted. For andre, som netop vendte hjem fra krigen i Europa, var det første stop på vejen hjem. For os, der var på vej OVER, var det blot endnu et sted på vejen til forberedelse og godkendelse. Vores daglige tidsplan blev bestemt af en rutine, hvor vi havde mere fysisk træning og fik tjekket vores optegnelser og personlige anliggender for 117. gang. Vi fik et briefingsforedrag om proceduren for nødlanding - bare i tilfælde af at flyet skulle blive tvunget ned, fik udstedt ekstra arktisk tøj, fik vores personlige bagage vejet - 65 pund - og til sidst "afskibet" forsendelsen.

Og endelig, efter tre lange dages forberedelse og venten på opklaring i vejret, var vi på vej!

"Udkald for alle mænd til Goose Bay, The Crystals, Narsarsuaq Greenland, og Meeks Field Iceland! Klargør jeres køjesække og smid jeres sengetøj ind i det rigtige rum. Meld jer i briefinglokalet om femten minutter."

Det var lidt over midnat natten til den 27. juni 1945. Barakkerne summede af aktivitet, idet mange af mændene var på passagerlisten. De fleste lys var blevet tændte – til de få tilbageblevne mænds ubehag. Vi blev på vores tildelte værelser og ventede indtil alle var samlet. Så, i takt med vores navne blev råbt op, gik vi udenfor i den kolde natteluft og gik ombord i den smalle GI bus. Det var hårdt arbejde at komme ind i bussen og klemme sig vej ned ad den smalle gang og finde sig et sæde, for vi bar alle sammen vores overtræksstøvler, parka og rygsække, fyldt med personlige effekter. Vores køjesække blev lastet separat på flyet.

Vi trak op til afgangshallen, hvor vi klemte os ind, og ventede. En assistent tjekkede vores navne, idet han undersøgte vores papirer og ordrer. En simpel procedure og med alle de detaljerede undersøgelser, vi havde fra Grenier Field og igen på Presque Isle, skulle alt have været simpelt og i orden. Men, kuverterne med Singer, Selfridge og jeg blev lagt til side. Assistenten forklarede, at en af formularerne var ufuldstændig, og vi ville måske blive afvist til flyet. Det var bitre nyheder efter al den spænding. At komme så tæt på afgang, for så at blive skuffet på grund af en afvisning.

Endelig, efter alle de andres dokumenter var blevet tjekket, vendte assistenten tilbage til vores og undersøgte dem igen. Sekunder forekom os at være minutter. Der var larm i rummet efter almindelig snak fra mænd, der skulle have tiden til at gå. Ingen andre i rummet var interesserede i vores situation. De kendte os ikke, og de ville næppe nogensinde komme til det.

For dem var vi blot tre andre gutter som skulle have været med flyet. Jeg blev ved med at tænke på min deadline for at nå Grønland i tide inden skibet afsejlede. Prøvelsen fik endelig ende, da vores papirer blev stablet sammen med alle de andres. Når alt kom til alt, var der ingen problemer. Blot en fejlplaceret dato på én af linerne.

Så steg vi igen ombord på bussen, og gjorde vores bedste med vores klodsede skuldertasker, overtræksstøvler og parkaer, og selvfølgelig, vores store kuvert med rejsedokumenter. Da vi standsede ved afgangshangaren, kravlede vi akavede ud af bussen for sidste gang og samledes omkring nogle skranker, hvor vores dokumenter blev tjekket for sidste gang. Så fik vi besked på ikke at gå for langt væk, idet der kun var cirka 1 time til afgang.

Tiden sneglede sig afsted. Lige som den altid gør, når den synes at blive spildt. Vi havde alle placeret vores oppakning af parkaer og skuldertasker med mere, langs med væggen, mens vi slentrede over til kantinen for at gøre nogle sidste-øjebliks-indkøb af mælk og friske sandwichs med kød. Da vi senere stod og ventede ved vores udrustning, blev vi overdøvet af den unaturlige støj fra motorer, der varmede op. Larmen svandt hurtigt hen, og blev igen afløst af vores snakken. Måske var dét vores fly? Det var ved at være på tide at boarde, synes vi. Tiden var ved at være knap. De sagde en time – 60 endeløse minutter!

Pludselig bragede højttaleren løs. Jeg hørte aldrig, hvad stemmen sagde. For alle startede på en gang med at samle sine ejendele sammen og fulgte efter en assistent ud i det kolde mørke. Ordene forsvandt i al larmen, men detaljerne var ligegyldige og unødvendige. De af os der var på passagerlisten til at krydse Nordatlanten, var endelig på vej.

Vi blev ledt tværs over forpladsen til en sølvfarvet C-54, en af de 4-motors ATC (Air Traffic Control) kæmper. Vi gik op ad rampen til flyets luge og blev positivt overrasket over at erfare, at flyet havde ekstra stoleplads mellem rækkerne, i stedet for bænke, der var mere almindelige i militære transportfly. Denne tur skulle flyves med stil. Vi spændte sikkerhedsselerne og ventede.

Ud over spændingen ved at skulle oversøisk, indså jeg pludselig, at bortset fra nogle få forlystelsesture år tilbage, ville dette blive min første rigtige flyvning.

Denne korte ventetid var lettere at kapere, for vi vidste, at hvad der skulle komme, ville komme snart. Snart accelererede motorerne. Vi taxiede mod startbanen. Motorerne gassede op. Så bevægede vi os langsomt hen ad startbanen – motorerne larmede endnu mere, markeringslysene passerede hurtigere og hurtigere, hangarerne og kontroltårnet var nu bag os. Nu sås kun landingsbanens mørke kant. ....Vi var i luften!

Presque Isle var snart bag os og under os. Nu sås kun en stribe lys som juveler på den sorte jord. Øjeblikke efter kunne lysene slet ikke ses. Kun månen holdt os ved selskab i den sorte nat.

Fire timer senere ruskede stewarden i dem af os, der sov, og bad os spænde sikkerhedsselerne. Vi nærmede os Goose Bay i Labrador. Nu var det daggry. Jeg kiggede på landskabet under os igennem det lille vindue. Foran os sås bjerge, men direkte under os var myriader af høje fyrtræer og hundredvis af søer. Kort tid efter var der "touch down", og flyet bremsede kraftigt for at stoppe. Halvdelen af flyveturen var bag os.

I den næste times tid spiste vi morgenmad og slentrede omkring på basen, afsluttende med et besøg på basens vejrstation. Vi var hele tiden opmærksomme, så vi hurtigt kunne komme til flyvemaskinen. Så blev vi igen anmodet om at gå ombord og forberede os på takeoff. "Next stop Greenland."

Endelig, nogle timer efter vi have forladt Presque Isle, nærmede vi os Grønlands kystlinje. De fleste af os var igen faldet i søvn, idet der ikke var andet at se på end skyer eller havet under os. Den konstante brummen fra motorerne havde lullet os i søvn. Endnu en gang måtte stewarden vække os. Kort tid efter fløj vi langs en bred fjord med hvide pletter i form af isbjerge. Sne og is i juni måned, og blot en uge tidligere havde vi i Staterne kvælende 35 graders varme. Scenariet var, i sandhed, så storslået og dystert, som jeg havde forestillet mig, det ville være. Nøgne fjelde strakte sig til alle sider. Der var overhovedet ingen træer eller anden vegetation at se.

Dette var Grønland. Øen af indlandsis. Beklædt med fjelde. Verdens største ø. Længere end hele USA's østlige kystlinje fra Main til Florida, men hjemland for færre end 16.000 grønlændere, eskimoer og danskere. Og dette land, der så så ugæstfrit ud, bestod også af mit fremtidige hjem i hæren.

En sergent, som var på vej tilbage til Narsarsuaq efter orlov, sad lige bagved mig. Han prikkede mig på skulderen og sagde: "Basen er lige fremme." Det var svært at forstå, men inden længe var vi lige på den anden side af den smalle fjord i forhold til flyvepladsen og indledte den stejle indflyvning og landing.

Der var ikke megen tid til at nyde udsigten, før vi landede. Det var let at få det indtryk, at transportflyet aldrig ville klemme sig ind mellem de tilgrænsende fjelde, og hvis det lykkedes, så det ud til, at det ikke ville være i stand til at stoppe i tide, inden det kørte ind i bygningerne i den fjerneste ende af landingsbanen. Men vi landede sikkert, også selv om vi fik noget af en hård landing og en ordentlig rystetur. Den eneste mulighed for landing var fra fjordsiden. Vi fandt senere ud af, at en sådan landing krævede modvind. Flyet rullede til stop foran hovedkvartersbygningen, og vi gik fra borde. Nogle af passagererne skulle fortsætte til Island og England, men resten af os var ankommet til den endelige destination. Idet vi forlod flyet, havde vi fornemmelsen af, at de ombordværende havde medlidenhed med os.

Netop ankommet til Narsarsuaq i den sølvfarvede 4-motors C-54.

Nøjagtig en uge senere, om eftermiddagen den 4. juli 1945, var jeg ombord på USS BELLE ISLE, da den stod fra kaj i Narsarsuaq. Mange ting var overgået mig i den forløbne uge, og det var svært at forstå at jeg -endelig- havde overlevet presset med inspektioner og forberedelser. Til de ”frivillige”, der skulle sendes til forposterne, blev der stillet større fysiske, tandsundshedsmæssige og psykologiske krav. Hovedkvarteret krævede flere formularer, udlevering af mere udstyr, og ....igen mere venten. For at gøre den hektiske uge mindeværdig, blev den oprindelige plan med at sende O'Dea og mig til Hvalrosbugten, gjort yderligere kompliceret. Så, mens vi ventede på svaret på et radiogram til Grenier Fields hovedkvarter, ventede O'Dea og jeg med uro i sindet, fordi vi begge på det tidspunkt havde besluttet, at selv om Narsarsuaq ikke ligefrem var et ideelt sted at være – så kunne Hvalrosbugten ikke være bedre. Retursvaret kom endelig: O'Dea ”tabte”, og blev beordret til at blive tilbage.

Vi sammensatte herefter en almindelig ”konstruktions”-ekspedition. Kystvagtens isbryder, USCGC STORIS, fulgte med USS BELLE ISLE for at bryde vejen gennem de uundgåelige ismasser. Da der var planlagt reparations- og anlægsarbejder på stationerne ved Hvalrosbugten, Kangderdlugssuak[7] og Skjoldungen[8] – alle på Grønlands østkyst – var størstedelen af tropperne ombord hærens ingeniører og signalkorpsmænd. Udover os elleve, der skulle afløse besætningen ved Hvalrosbugten, var der to danske og tre grønlændere om bord. De skulle bemande den endnu ikke opførte vejrstation ved Kangderlugssuak. Distriktsmeteorolog for Grønland, major Robert Skyes, havde kommandoen på denne tur.

***

---

[7] Kangderlugssuak: En norsk fangerstation og amerikansk vejrstation beliggende på Grønlands østkyst under Anden Verdenskrig. Ikke at forveksle med Kangerlussuaq (Søndre Strømfjord) på vestkysten. I begyndelsen troede jeg, at forfatteren blot stavede forkert, og i virkeligheden mente Kangerlussuaq. Jeg måtte have fat i Robert West (forfatterens søn) for at få afklaret min tvivl. Bemærk: der kan være uenighed om stavemåden af Kangderlugssuak. Men det skyldes nok sprogforskellene i Vest- og Østgrønland.

[8] Skjoldungen: En lille ø på Grønlands østkyst, ca. 300 km sydvest for Tasiilaq. Under Anden Verdenskrig drev De Allierede en vejrstation på øen. I 1965 blev civilbefolkningen på øen tvangsflyttet til andre steder på Østkysten, og Skjoldungen er i dag ubeboet.

Sejlturen til Reykjavik i Island, vores første stop, var meget barsk og hård, men uden uheld. Sejlturen ned ad fjorden til havet tog omkring 6 timer. Den samme distance var tilbagelagt af C-54 transportflyet på mindre end 20 minutter. Sent på aftenen blev farten sænket på grund af grødis ved fjordmundingen. Vi prøvede at sove i vores smalle køjesenge som hang langs med skroget. Vores søvn blev forstyrret hele natten af den uophørlige ringen af klokken i motorrummet, når der blev givet ordre fra broen om at ændre fart, og den ubehagelige lyd af is, som skurede hen langs skibssiden – lige ved siden af vores ører. Foruroligende.

På andendagen om eftermiddagen rundede vi Grønlands sydspids, Kap Farvel. For ikke så længe siden havde der netop her ligget tyske ubåde på lur efter allierede skibe. Nu var vi i Nordatlanten, og snart blev alt det, jeg havde læst og hørt, til realiteter: Den mørke overskyede himmel, den fugtige og gennemtrængende kulde, og det svulmende hav med høje bølger. Resten af rejsen til Island var så abnorm barsk, at selv nogle af dem, der var veteraner i handelsflåden på BELLE ISLE, blev søsyge. Af alle soldaterne ombord, var der kun nogle få af os, der ikke viste vores søsyge (på den naturlige måde), men selv vi var tvunget til at afholde os fra at spise alt for meget. Kort sagt: Ingen af os følte sig særlig godt tilpas på noget tidspunkt, og vi opholdt os det meste af tiden under dæk, i det område, der var forbeholdt soldaterne.

***

Om morgenen den 9. juli nåede vi det spejlblanke vand i Reykjaviks havn, samtidig med en næsten total solformørkelse. Ved middagstid havde en slæbebåd manøvreret os på plads langs kajen. Skæbnen ville, at der skulle gå to og en halv uge, før der blev rapporteret tilfredsstillende isforhold ved indsejlingen til Scoresby Sund[9]. Ventetiden var for det meste kedelig, men de fleste holdt sig selv beskæftiget. Nogle af mændene befandt sig i

Det første møde med Reykjavik på til Grønland

civilisationen for første gang i over et år, mens vi andre var i civilisationen for sidste gang i over et år.

Efter amerikanske forhold manglede der lidt underholdning i Reykjavik. Da valutakursen gjorde priserne ublu høje for os, var vi noget begrænsede i vores muligheder for underholdning. Normalt fandt vi adspredelse i Røde Kors klubben med film om aftenen, og en gang imellem gik vi ud og

---

[9] Scoresby Sund: refererer til fjorden af samme navn. Det er i øvrigt verdens største fjord, hvorimod Scoresbysund (i ét ord) refererer til byen af dette navn.

dansede, spillede bordtennis eller billard eller blot sad i kantinen. Jeg brugte også mange timer med at gå rundt i gaderne og tage billeder med mit nyerhvervede, sammenklappelige kamera.

Men en gang imellem væltede vi bare rundt og besøgte en af byens restauranter for at købe milkshakes til et beløb, svarende til 50 cent, eller gik i biografen og så en film til en pris af omkring 1 dollar. Sådan.

Filmene i Island så i øvrigt ud til at have samme standard som teaterproduktioner i USA. Der var også pladsreserverede sæder, programmer og pauser. Jeg var ikke forberedt på, at der var pause, så da filmen blev afbrudt, og lysene blev tændt, troede jeg, at der måske var ildebrand. Folk blev imidlertid siddende, og begyndte at kigge i deres programmer eller begyndte at snakke. Endelig forstod jeg, hvad der foregik.

Naturligvis har næsten alle hørt om de islandske pigers skønhed. Den billigste form for underholdning var derfor slet og ret at gå op og ned ad gaderne for at se os omkring. Det var svært at stifte bekendtskaber. Det føltes utrygt at anråbe pigerne med et "Hej", for i den lyse midsommernat, kunne vi ikke skjule os bag mørket. Desuden var de islandske piger stadig meget reserverede overfor amerikanske soldater.

Ikke al vores tid blev brugt i byen. Nogle af os besluttede sig for at besøge venner på Meeks Field luftbasen cirka 60 kilometer væk. Halvanden times buskørsel ad smalle, hullede og ikke asfalterede veje, gav os mulighed for, for første gang, at se det øde, vulkanske og askebelagte landskab. Meeks Field var næsten lige så dyster som Narsarsuaq. Et fandens sted at være stationeret, tænkte vi. Vores venner på stedet var enige med os. "Men hvor skal I hen?" spurgte de. "Grønland! Hvalrosbugten! En isoleret forpost over polarcirklen! I et år", svarede vi. Deres reaktion var: "Åh nej. Godt det ikke er os!"

Røde Kors tilbød os mulighed for at besøge nogle naturskønne områder inde i landet. Chaufføren i vores militærkøretøj valgte en vej, der var lidt mere jævn end den vi tog fra Meeks Field, fordi den ikke havde været belastet med militærkøretøjer. Ikke desto mindre var jeg glad for den pude, jeg medbragte. Turen bragte os omkring 150 kilometer ind i landet, og hver eneste meter på vejen fik vi blæst støv i ansigtet. Da vi nåede tilbage til Reykjavik, var vores ansigter fyldte med støv og snavs. Uden at kny betalte vi for et bad i en offentlig badeanstalt, hvilket er almindeligt i Reykjavik.

Turen var imidlertid alle ubehagelighederne værd. Vi havde fået chancen for at se mere af landets terræn, nogle islandske gårde, samt to af de naturskønne vidundere: Geysir (rimer på Cæcar), og Gulfoss vandfaldet. Ordet gejser på amerikansk er afledt af navnet Geysir i Island.

Vi var så heldige at ankomme til gejseren blot et par minutter før den spruttede i vejret i et af sine uberegnelige udbrud. Det ene øjeblik stod vi alle rundt omkring det rolige vand. Det næste øjeblik måtte vi stikke halen mellem benene, for at nå i sikkerhed på et tørt sted, uden for det skoldede vands rækkevidde.

Derefter tog vi afsted til vandfaldet. Efter endnu et times kørsel på snoede veje, hvor vores lastbil beskadigede den ene side på en alt for smal bro, ankom vi til et udsigtspunkt oven over Gullfoss vandfaldet. Larmen fra vandfaldet, som var højere i styrke en larmen fra Niagara vandfaldet, var i den grad imponerende. Tonsvis af skummende vandkaskader fossede ned i afgrunden og kløften, mere end 300 meter under os. Da indså vi, at vi havde det sjældne privilegium at se dette storslåede syn. Det majestætiske over dette sceneri bliver ikke let at glemme.

Det imponerende og larmende Gullfoss vandfald

***

Den 26. juli sluttede ventetiden, idet vi endelig tog afsted mod Scoresby Sund i Grønland. På denne del af turen var sejladsen meget roligere end turen til Island, og ingen blev søsyge. På andendagen krydsede vi Polarcirklen, og betragtede derfra os selv som rigtige arktiske mænd, selv om vi stadig skulle igennem test-ritualet for at blive "Blue Noses" (Blånæser)[10]

Sent den næste dag standsede vi ved polariskanten, hvor pakis blokerede for indsejlingen til Scoresby Sund, mens vandflyveren fra STORIS lettede for at observere pakisen for en mulig passage. Omkring en time senere returnerede flyet, og vi satte igen kursen. Den nat sov vi meget let, og vi var hele tiden opmærksomme på konstante hastighedsændringer og kurskorrektioner, mens skibet pressede sig igennem den åbning i isen, isbryderen lavede. Den følgende morgen, den 29. juli, vågnede vi til konstatering af, at vi sejlede fremad med fuld kraft. Pakisen var endelig bag os og Hvalrosbugten ret forude!

Sidst på eftermiddagen kastede skibene anker i det stille, dybe vand i Hvalrosbugten. Rundt omkring os sås det sceneri der skulle blive meget, meget familiært for os i det kommende år. På stranden, en lille kilometer væk, satte en skikkelse sig ud i en jolle og en halv time senere klatrede han op ad lejderen på siden af skibet. Han præsenterede sig selv som teknisk sergent, Drown, "ikke-længere-vejr-ansvarlig". Senere samme aften roede nogle af mændene fra stationen ud til skibet. Vi omringede dem øjeblikkeligt, for at konsultere dem om de forhold, vi ville blive udsat for.

Tidligt den næste morgen læssede vi vores ting ned i motorbåden og satte kurs mod kysten. En vedvarende støvregn fjernede ethvert håb om komfort på basen. Men på det tidspunkt synes det langt bedre, end de trange forhold ombord på transportskibet, som vi havde været udsat for i flere uger. Den næste dag ved middagstid, efter en kort introduktion af faciliteterne, overtog vi officielt stationens opgaver.

Arbejdsgrupperne begyndte at losse forsyninger og udstyr på trods af det dårlige vejr, og inden længe var alle forsynings- og reparationsopgaver i fuld gang. Arbejdet fortsatte i et uformindsket tempo, for problemerne

---

[10] Blue Nose: En ceremoni for amerikanske søfolk, der krydser polarcirklen om bord på et flådefartøj. Det kan også omfatte en uformel præmie i form af et certifikat eller et kort, der indfører dem i "Order of the Blue Nose"

med pakisen, havde allerede bragt os bagud i tidsplanen. Ekspeditionen havde stadig arbejde at udføre i Kangderlugssuak og Skjoldungen. Isforholdene i Arktis kan aldrig betragtes som gode, så kommandøren besluttede at komme afsted fra vores base så hurtigt som muligt.

En pram bringer forsyninger og udstyr i land i Hvalrosbugten

En dag fik besætningen på STORIS lov til at tage sig tid til at indvie os, som havde passeret Polarcirklen for første gang, i "Blue Nose" klubben. Med bind for øjnene afventede vi vores skæbne. Så kom vores tur. Vi blev spændt sammen, med kran hejst over dækket og ud over vandet, og sprøjtet med vand fra en slange. Da vi igen stod på "Kong Neptuns"[11] domæne, skulle vi kysse dennes mave og fik derefter vores næser malet med blå farve. Til slut fjernede de bindet for vores øjne, og vi blev budt velkommen af alle de andre som nye "Blue Noses"

---

[11] Før et skib passerer polarcirklen (eller ækvator) vil kaptajnen udnævne et besætningsmedlem til "Kong Neptun" (den romerske havgud) og bede om, at hans besætning bliver skånet for havets rædsler.

Nyheden om atombombesprængningen i Hiroshima nåede os via kortbølgeradio i denne uge, helt nøjagtigt den 7. august. Der blev selvfølgelig snakket om muligheden for en snarlig ende på krigen. Men, da der ikke kom nye ordre fra hovedkvarteret, var der ikke andet at gøre, end at færdiggøre det planlagte arbejde på stationen.

Om søndagen, den 12. august, var alle opgaver fuldførte. Skibene blev klargjort til afgang, men en storm, der rasede i det område, de skulle gennemsejle, forsinkede afgangen. Den dag var der vindstød af op til 65 km/t, og de af os, der var nye i Arktis, var imponerede. Imidlertid blev vi advaret af "de gamle" om, at selv om disse vinde var hårde for sommerperioden, var det for intet at regne i forhold til det, der ventede os om et par måneder.

Skibene afgav en lang afskedssalut i hornet, da de mandag eftermiddag lettede anker og satte kursen ud mod det Arktiske Hav. I det øjeblik var vi, til en forandring, faktisk glade for at blive overladt til os selv. Aktiviteterne og de trange forhold i lejren, havde gjort arbejdet med at få sig indrettet meget svært.

Vi begyndte nu for første gang at mærke den underlige fornemmelse af at være alene og på egen hånd.

Allerede den næste dag, den 14. august, indvilligede japanerne i at overgive sig. Netop da vi modtog nyheden, var jeg i gang med at blive klippet af lejrens sanitetsmand, hvilket var første gang i to måneder. Mens resten af verden glædede sig enormt over nyheden, afgav nogle af vores mænd enkelte skud med deres rifler. Et par af kuglerne lavede huller i noget af sengetøjet på tørresnoren. Men krigen var pludselig og endelig slut!

Vi blev alle grebet af en underlig følelse. Med krigens afslutning vidste vi alle sammen, at hvis vi skulle hjemsendes, når vores tur kom, var vi nødt til først at skulle være ude af Hvalrosbugten. Og hvis vi skulle ud af Hvalrosbugten, var vi nødt til at skulle hentes indenfor de næste få uger, måske dage. Ellers ville isforholdene igen lukke for indsejlingen til Scoresby Sund.

Mens vi udførte vores pligter, ventede vi spændte på informationer. Der kom ingen. En af vores radiooperatører opsnappede dog en besked fra Grønlands hovedkvarter til major Sykes, som på det tidspunkt var i Kangderlugssuak. Vi var ikke opmærksomme på denne kommunikation fra begyndelsen. Den del, vi modtog, gav os det indtryk, at der ikke blev gjort noget som helst for overhovedet at overveje en evakuering af os.

Vi følte os mere end alene. Vi følte os glemt. Hvis ikke krigen var sluttet, ville vi fortsat anvende "Army Time"[12], men nu var alt ændret. Vi arbejdede igen efter vores normaltid *(AM og PM...red)*.
Bjergene mod nord og fjorden mod syd aftvang respekt. De var de fysiske grænser for vores liv. Bagved lå civilisationen og omverdenen. Indenfor lå vores verden.

Den allestedsnærværende omgivelse af Arktis opslugte os med dyb og fuldstændig besiddelse. Den sande virkelighed af vores år i Hvalrosbugten var begyndt.

***

Det følgende er en oversættelse af en artikel, som blev bragt i den reykjavikanske avis, VISIR, den 23. juli 1945. Artiklen blev oversat til engelsk af hr. Olafur Guttormason – og nu til dansk.

METEOROLOGISKE OBSERVATIONSPOSTER PÅ GRØNLANDS ØSTKYST SKAL GENOPBYGGES

Transportskibet BELLE ISLE forlader Island i denne uge med dette for øje

De fleste meteorologiske observationsposter på Grønlands østkyst er nu cirka et år gamle. Nogle få vejrstationer i andre egne af Grønland er ældre og blev opført kort tid efter de amerikanske styrker besatte Grønland[13].

En gang i løbet af denne uge vil den amerikanske hærs forsyningsskib, BELLE ISLE, som er under kommando af den amerikanske hær, afsejle til

---

[12] Militærtid, forenklet sagt: En måde at fortælle tiden ved at bruge 24 timer i stedet for 12. Militærtid bruger fire tal, hvor de to første viser timen og de sidste to viser minutterne uden kolon. Militærtid starter kl. 0000 om morgenen og tæller op med 1300 for 1 PM og 2300 for 11 PM (altså den tidsangivelse, som vi stadig bruger i f.eks. Danmark)
[13] Under Anden Verdenskrig besatte USA Grønland efter aftale med den danske ambassadør i Washington, Henrik Kauffmann, der agerede på egen hånd i modstrid med samarbejdsregeringen i København. USA ønskede at undgå, at Tyskland kunne bruge øen til vejrstationer og som trædesten for en invasion af Nordamerika.

Grønland. Skibet er bemandet med amerikanere, de fleste af dem medlemmer af de bevæbnede, amerikanske styrker. Deres opgave er at genopbygge de observationsstationer, som er blevet beskadiget eller ødelagt af vejret, og nogle af mændene vil forblive der på ubestemt tid. De er blevet specialtrænet til denne ekspedition. Iblandt medlemmerne af ekspeditionen er der mænd, som har specialkendskab til radio- og meteorologisk udstyr.

En reporter fra VISIR interviewede besætningen, og havde lejlighed til at indsamle nogle informationer om denne bemærkelsesværdige entreprise. Som bekendt er det meteorologiske observationssystem, som for store udgifter drives af den amerikanske regering, den vigtigste faktor for sikkerheden for de flyvemaskiner, som opretholder forbindelsen mellem Island og Amerika.

<u>Interview med Major R. B. Sykes</u>

Lederen af denne ekspedition er en ung amerikaner, major R. B. Sykes. Han har givet en reporter fra VISIR tilladelse til at publicere de informationer, som han selv blev givet: "Vi vil afsejle med skibet, BELLE ISLE i løbet af denne uge. Vores destination er Scoresby Sund på den 71. nordlige breddegrad på Grønlands østkyst"

"Fjorten amerikanere, under den amerikanske hærkommando, har nu opholdt sig på den meteorologiske observationsstation i et år. Den eneste måde at bringe dem forsyninger på har været ved at bruge fly. På den måde har de modtaget både post og andre forsyninger i løbet af året. Deres eneste måde at kommunikere med verden udenfor har været gennem deres radio. Hvert år er det umuligt at anløbe Scoresby Sund med skib fra september til midten af juli. Nogle gange er det ovenikøbet svært at nå dertil i disse to måneder. Planen er imidlertid at forsøge, at nå dertil denne gang".

"I henhold til informationerne, modtaget via radio, har mændene, som har været i Scoresby Sund, alt i alt haft det godt. Dog led de store tab af udstyr, da en at lejrens hovedbygninger blæste væk under en snestorm. Nogle dage senere mistede de deres brint beholdning under en brand, så de måtte stoppe deres udsendelse af meteorologiske observationer midlertidigt. Ingen af folkene kom til skade under disse hændelser".

"Formålet med denne ekspedition er, først og fremmest, at genopbygge radiostationen, og at efterlade en gruppe mænd, som skal blive der den kommende vinter, til afløsning af dem, der var der den foregående vinter. Denne gang er antallet af observatører skåret ned fra fjorten til elleve. Fem af disse mænd er meteorologer, fire er radiofolk, og så er der en kok og en sanitetsmand".

Fem mænd og atten hunde.

"Vi har også fem andre mænd ombord. To af dem er danskere, og de andre er grønlændere. Disse mænd medbringer 18 veltrænede hunde. Denne gruppe skal til en meget afsides og isoleret del af Østgrønland, i nogen afstand fra Scoresby Sund. Meteorologiske observationer er ikke tidligere foretaget derfra, men både geologer og meteorologer har udforsket området. Denne region har en meget god beliggenhed til en meteorologisk station, især fordi en af Grønlands største gletsjere ligger tæt på"

"Dette sted er meget isoleret, meget mere end Scoresbysund. Det nærmeste befolkede område er over 300 kilometer derfra. Inden de fem mænd vil blive efterladt der, vil besætningen på BELLE ISLE bygge en station til dem, og installere det nødvendige udstyr, så de kan kommunikere med verden udenfor.

Til Skjoldungen

"Sidste stop på ekspeditionen er Skjoldungen. Formålet med at tage dertil er at genopbygge vejrstationen dér, som blev næsten totalt ødelagt af et sneskred i januar måned 1945. Sneskreddet dækkede området, hvor bygningerne stod, med 8 – 9 meter sne. Ingen af mændene kom noget til."

"Efter sneskreddet levede de 11 mænd i igloer. Vi har taget os af kommunikationen med disse mænd, og de har ikke klaget over deres indkvarteringsforhold. Denne vejrstation var den vigtigste, men efter sneskreddet er dens funktioner midlertidigt indstillet. Vejrstationens lagerbygning blev fuldstændig dækket med sne, men hurtigt efter lykkedes det mændene at grave en smal passage ind til maskinrummet. Det lykkedes dem at reparere generatoren og fik derfor mulighed for at transmittere beskeder igen. Post og andre fornødenheder er blevet nedkastet fra fly. De har ad samme vej modtaget spillefilm."

"Besætningen på BELLE ISLE vil reparere og genopbygge vejrstationen på Skjoldungen, og i den forbindelse finde en bedre placering af de nye bygninger. Vi håber at kunne færdiggøre denne opgave før vinterisen lukker havet i september. Derefter vil vi forsøge at sejle skibet til en vinterhavn i det sydlige Grønland. Alle disse planer er baseret på den antagelse, at vores beregninger af vejrforhold og andre faktorer ikke forstyrres, men i det nordlige område kan sådanne faktorer ikke forudsiges. Vi håber dog på det bedste. Besætningen er vant til at blive flyttet rundt. Vi har bygget de fleste amerikanske meteorologiske stationer på Grønlands østkyst, eller i det mindste har vi spillet en stor rolle med opførelsen, og vi håber, at vi også får succes med vores nuværende opgave. Hvad angår mændene, som lige nu befinder sig på Skjoldungen, så håber vi, at et amerikansk marinefartøj vil være i stand til at bryde igennem isen, opsamle mændene, og gennemføre en nødhjælpstest, før vi når dertil."

Kaptajnen på BELLE ISLE er Erling Svenningsen, som er af norsk oprindelse. Han har tjent den amerikanske flåde de seneste år, særligt i Grønlandske farvande.

Kapitel 2 – Stationen, vejret og mændene

Hvalrosbugten er en lille vig på den nordlige kyst, tæt på indsejlingen af Scoresby Sund. Hvalrosser er blevet jaget i bugten, så de nu næsten er udryddede. Den nøjagtige geografiske lokation på vores vejrstation, 70⁰ 30` N, 21⁰ 58` W, placerer os 450 kilometer over polarcirklen, men stadig 2250 kilometer fra Nordpolen.

Selvom 2 danske vejrstationer i Grønland, og nogle canadiske stationer i Canada, på det tidspunkt var nordligere end Hvalrosbugten, var den eneste amerikanske militærpost længere mod nord ved Point Barrow, Alaska, godt 100 kilometer nærmere Nordpolen.

Nogle af de bygninger, der skulle blive vores hjem de næste 12 måneder.

Vores vejrstation bestod af i alt 8 bygninger. Driftsbygning, dagligstue og messe, maddepot, barak, garage, maskinrum, brinthus og til sidst det ensædede "Chic Sale[14]" udhus. Bygningerne var placeret cirka 25 meter fra hinanden for at minimere skaderne i tilfælde af brand. Placeringen af

---

[14] Chic Sale: amerikansk slang for et udendørs lokum

stationsbygningerne var på en forholdsvis flad stribe jord på en skrånende slette, omkring 800 meter fra stranden.

Terrænet var tundra med sten og kampesten, der dækkede området fuldstændigt.

Der var naturligvis ingen træer, for trægrænsen var længere sydpå. Det nærmeste fjeld, 300 meter højt med skarpe sider og afrundet tinde, var blot få hundrede meter nordøst for lejren. Andre fjelde over 600 meter eller mere i højden, formede en halvcirkel omkring 5 kilometer fra stationen.

**

Vores bygninger var lette konstruktioner af krydsfiner. Gulve, vægge og lofter af isoleringsplader. Den udvendige belægning var tjærepap med samlinger dækket af trælister. Vinduerne var forseglede og kunne derfor ikke åbnes.

På grund af permafrosten, som startede cirka 30 centimeter under jordoverfladen, kunne der ikke graves fundamenter. Derfor lå der gulvstrøer på store kampesten. To sæt kabler, forankret i jorden, passerede over tagene og holdt bygningerne fast mod den kraftige vind.

Indenfor var møbleringen simpel og minimal med nogle træskamler, stole, borde og bænke, der var lavet på stedet af det tidligere mandskab.

Operationsbygningen indeholdt en pult med radioudstyr til kommunikation med omverdenen, tillige med vores basale vejrstationsudstyr og arbejdsplads. Små 10 meter fra

Vores radiomand, Dave Lunceford ved sin radiopult.

indgangen var vores vejrinstrumenter i et kabinet, der indeholdt termometer, hygrometer samt regn- og snemåler.

På området var der placeret fem radioantennemaster, der var 23 meter høje. Ledninger blev spændt ud mellem tårnene for optimal justering af transmissionssignalstyrken til og fra udvalgte relæstationer. Da afstanden til den nærmeste station var uden for taleradioens transmissionsrækkevidde, anvendte radiooperatørerne morse (prikker og streger).

Bygningerne blev opvarmet med oliekaminer, som var placeret midt på gulvet. Det hændte, når der var stormvejr, at røgen fra skorstenene slog tilbage, og derved fyldte rummet med sort sod. For at undgå dette slukkede vi, i disse perioder, jævnligt oliekaminerne. Så måtte vi gøre vores bedste for at holde varmen, da konsekvensen var, at temperaturen nogle gange kom under frysepunktet.

I den ene ende af opholdsbygningen, ved siden af køkkenet, var vores bryggers. Her vaskede vi ansigt og hænder, børstede tænder og barberede os. Vores individuelle vaskebalje hang på væggen. Vi fik vand (koldt) fra køkkenets vandhane og bar bøtten ind i bryggerset. Hvis vi skulle bruge varmt eller skoldende vand, varmede vi det på oliekaminen. For at tømme det snavsede vand fra bøtten, hældte vi det i en tragt, som ledte det ind i et rør, der strakte sig omkring 5 meter ud fra bygningen. Under længerevarende kolde temperaturer frøs røret til, og vi måtte smide vandet ud ad bagdøren på jorden, hvis ikke

Vaskepladsen i bryggerset. Bemærk vaskebaljerne på væggen.

vinden og sneen blæste for hårdt.

Vi vaskede undertøj, sokker og daglig beklædning lejlighedsvis, måske hver 4. til 6. uge. I Arktis sveder man kun sjældent, så vi anså ikke os selv for at blive beskidte.

Når vi skulle i bad, stod vi i, eller bøjede os ind over, et 1 meter bredt vaskekar. Det er nok unødvendigt at sige, at vi anså dette for at være en virkelig sur pligt, og for dem af os, som valgte at bade, gjorde det højst 1 gang om måneden.

I barakken brugte vi soveposer i vores tremmesenge, og tog aldrig vores lange underbukser af. Nogle gange, når det var rigtig koldt, beholdt vi vores tykke sokker på.

Med hensyn til at træde af på naturens vegne var forholdene ganske vist primitive. På grund af permafrosten kunne vi ikke grave sanitetsgrøfter. Derfor, når vi skulle tisse, fandt vi det bedst blot at gøre det på jorden udenfor – ikke for langt fra indgangsdøren. I kraftig vind eller blæsende vindstød krævede dette imidlertid en teknik med at læne sig bagud, og med timing mellem vindstødene. Nogle gange gik det alligevel galt. Brugen af lokummet til afføring var mere "videnskabeligt". Dem, der havde problemer med at regulere maven, udviklede en rutine med at spise ost (for bedre at kunne holde sig), når vinden blæste for hårdt eller temperaturen var for lav, og svesker (for hurtigere afføring), når forholdene var mere gunstige. I starten havde vi den relative komfort at have en lille olieovn på lokummet, men under en storm gav dette bagslag, og lokummet brændte - delvis. Derefter måtte vi leve med kulden i "det lille hus".

***

Scoresby Sund blev opdaget i 1822, og er den længste og bredeste fjord i verden, og en del af verdens største fjordsystem – beliggende i det centrale Østgrønland. Landskabet i denne region er efter sigende det farverigeste i Arktis.

De flænsede fjelde i Kap Brewster[15] på den sydlige side af fjorden, 40 kilometer væk, er i gennemsnit 1.500 meter høje. De gennemgik hele tiden

---

[15] Kap Brewster er placeret for enden af den sydlige side af Scoresby Sund fjordens udmunding, overfor Scoresbysund

farveforandringer, der spillede sammen med de gennemgående, hvide farver i det arktiske landskab. Om sommeren gav en blåhvid is-tåge disse fjelde farve midt på dagen, men ved midnatstid farvede de svage, nordlige solstråler fra Hvalrosbugten fjeldsiderne overvejende lyserøde og orange. Om vinteren stod solen ikke op over disse fjelde, og de takkede tinder var blot silhuetter mod en svag rand af dagslys. I de tider af året, hvor solen skinnede lavt hen over fjeldene, fornemmedes skygger, der fremhævede gletsjerne, dybe kløfter og konturer af rækken af fjelde på den anden side af fjorden.

Vandet på fjorden blev aldrig helt fri for is. Utallige isbjerge fra gletsjerne længere inde i fjorden udgjorde hvide pletter på vandoverfladen, selv i de sene sommermåneder. De fleste af disse gigantiske isbjerge var hvide, mens andre havde en smuk, koboltblå farve. I de timer, hvor solen stod lavt, ændrede farven på isbjergene sig til skinnende rødt eller orange, hvilket tilføjede endnu mere skønhed til det allerede ubeskrivelige scenarie.

***

Den grønlandske koloni ved Scoresby Sund, bestod af tre bygder med måske lidt mere end 100 beboere. Hovedbygden af de tre, Scoresbysund, var beboet af blandt andet den lokale bygdebestyrer, skolelæreren og telestationen. Landsbyen ligger på en stenet og gold skråning, cirka 2 kilometer sydøst for vores vejrstation. De to andre bosættelser, Kap Hope og Kap Tobin, består af blot nogle få familier. De var placeret på hver side af mundingen til Hvalrosbugten og var begge i en afstand af omkring syv kilometer fra os.

***

Da det meste af hærens aktiviteter i Grønland under krigen var en nøje bevogtet hemmelighed, forblev disse operationer den mindst omtalte af alle krigens kampfronter. Colliers Magazine bragte i marts 1944 en artikel, "War Below Zero"[16], der rapporterede hændelserne på denne, den nordligste slagmark. I korte træk var der en drabelig katten-efter-musen-

---

[16] Der er faktisk skrevet flere romaner med titlen: "War Below Zero", som alle, på forskellig måde, fortæller om amerikanernes og tyskernes "vejrkamp" i Grønland. Man var også langt i forberedelserne med en film af samme navn, med Mads Mikkelsen i en af hovedrollerne, men den er, i skrivende stund, ikke blevet til virkelighed

leg mellem amerikanerne og tyskerne for at opretholde de nødvendige vejrstationer. Det blev sagt, at havde man kendskab til vejret i Grønland, kunne man bedre forudsige vejret for de store operationer i Europa og Nordatlanten.

Med amerikansk bistand, forestod danskerne overvågningen mod hemmelig tysk aktivitet, og organiserede i 1941 en slædepatrulje med hovedkvarter i Scoresbysund. Med kaptajn Ib von Paulsen og løjtnant Jensen i spidsen holdt patruljen området ved Grønlands nordøstkyst under overvågning. David Howarth har skrevet bogen: The Sledge Patrol (Slædepatruljen)[17], som dækkede følgende bedrift:
Det meste af rekognosceringsarbejdet var rutinemæssigt, men i begyndelsen af 1943 opdagede slædepatruljen, at tyskerne havde landet en vejrbesætning lidt nord for et sted, kaldet Eskimonæs[18], 400 kilometer nord for Scoresbysund.
Patruljen havde bevist sin værdi.
Løjtnant Jensen blev taget til fange af den tyske kommandant, Kaptajn Ritter. Imidlertid lykkedes det Jensen at overmande Ritter, som af Jensen blev taget til fange og eskorteret de omkring 400 kilometer tilbage til Scoresbysund. Denne rejse er blevet berømt i nordens annaler og løjtnant Jensen blev velfortjent dekoreret i både USA og Danmark.

Når andre tyskere besatte Eskimonæssets station, blev det rapporteret af de lokale fangere, som også var medlemmer af patruljen. Bombefly fra Hærens Luftvåben på Meeks Field på Island, tilintetgjorde efterfølgende vejrstationen.

Et amerikansk kystvagtfartøj transporterede hærtropper til et sted i området, hvor der lå en anden tysk vejrstation. Her blev en koordineret plan forsøgt. Kystvagten skulle beskyde stationen, mens hærtropperne, placeret i land et stykke væk, skulle angribe bagfra. Hæren blev Imidlertid forsinket, og med få minutters forspring, lykkedes det tyskerne at undslippe. Der stod varmt mad på middagsbordet, og de amerikanske tropper kunne på stedet beslaglægge alle fortegnelser og udstyr i intakt stand. Siden tyskerne aldrig blev fundet, måtte de enten være blevet samlet

---

[17] Bogen kan stadig købes, men indtil dato alene i engelsk udgave.
[18] Der er flere steder i Grønland med dette navn, men her er der tale om øen, Clavering Ø.

op af et skib på et senere tidspunkt, eller også måtte de være derude et sted i Nordøstgrønland – levende eller døde.

Da vi blev fortalt denne historie, var det ikke svært at fremkalde billeder af "selskab, der pludseligt kunne dukke op". Vores forgængere lavede lidt sjov med os omkring denne mulighed.

Selv om denne hændelse fandt sted i 1943, og vejrstationen i Hvalrosbugten ikke blev opført før 1944, afviste det oprindelige hold fra 1944-1945 aldrig faren for, at disse tyskere ville dukke op. Der var for eksempel en stående ordre om, at alle mand, til alle tider, skulle have en ladt riffel indenfor rækkevidde i enhver bygning. Det betød, at fem mand i opholdsrummet havde fem ladte rifler i stativerne. Kaliber 50 maskingeværer og lette morterer var klar til at blive placeret i forsvarsstillinger med et øjebliks varsel. En ammunitionssergent, der også var uddannet i vejropgaver, var ansvarlig for bevæbningen.

I november og begyndelsen af december 1945, efter at en lokal slædepatruljemand havde set en uidentificeret genstand i havet ud for Scoresby Sund, blev vi sat i ubådsberedskab og en nervekrig begyndte. Vi opretholdt ekstra årvågenhed og indførte radiotavshed, indtil faren blev anset for forbigået, og normal aktivitet blev genoptaget.

Idet krigen i Europa sluttede i maj 1945, var alle forsvarets forholdsregler suspenderet på det tidspunkt, vi ankom til vejrstationen. Vi bibeholdt imidlertid vores rifler og ammunition til brug for jagt og diverse skydninger. For os ville det blive en forpost i fredstid.

Vi var 11 mand, og vi kom fra alle egne af USA. Vi havde forskellig civil- og militær baggrund, men hvad angik vores ønskede aktiviteter efter krigen, var vi enige om, at ingen af os ønskede at blive i hæren. På det tidspunkt vi overtog vejrstationen, havde otte mænd allerede gjort tjeneste i fire år i hæren, inklusiv de tre, som var veteraner fra tidligere arktisk tjeneste. Vores alder, bortset fra to af os, som netop var trådt ind i 20-års alderen, spændte mellem 26 og 35 år.

De forskellige opgaver på stationen krævede: en "all-round" radiomand, to "all-round" vejrmænd, to "luftværns kommunikations vedligeholdelsesmænd" (AACS[19]), to radiosonde-luftfartsoperatører, to RAWIN-luftfartsoperatører, en kok og en sanitetsmand. Vejrstationens underofficer og også min RAWIN-partner, var Charles "Mac" Maclane, fra Boston. Ekstrem stille og meget lavmælt. Mac var en af de arktiske veteraner i Grønland. Han var udsendt til den allerførste forpost, Skjoldungen, i 1942-43. Den var placeret på en stejl klippeside på den forræderiske østkyst. Under hans ophold opstod der en episode, som kun få udefrakommende kendte til, fordi aktiviteterne i Grønland dengang var tys-tys. Et sneskred begravede alle bygningerne. Mændene blev tvunget til at spise en ensformig nøddiæt, der manglede visse nødvendige

Den 11-mand store besætning

næringsstoffer, med det resultat, at de fleste af dem fik tandproblemer. Den heldigste mand havde tolv huller, og Mac mistede, på nær nogle få,

---

[19] Army Airways Communications System (AACS): Nogle af krigens u-besungne helte. Mænd fra AACS byggede "Himlens Motorveje", der angav ruter, som flyene skulle følge. Disse motorveje bestod af radiofyr, der gav flyene en kurs at følge på deres rute

alle sine tænder.

Til sammenligning oplevede Skjoldungen-holdet fra 1944-45, den som vores taskforce skulle hjælpe med at afløse, lignende problemer med et sneskred. Derhjemme blev de hyldet som enestående helte. Efter Mac var afløst i 1943 og sendt tilbage til USA, blev han træt af hærens disciplin og meldte sig som frivillig til at gøre tjeneste i Grønland. "Der kan jeg føle mig hjemme!", sagde han. Han blev ved med at melde sig frivilligt til forposttjeneste, så snart næste rotation var planlagt. På trods af, at han næsten havde udstået sin militærtjeneste, da krigen sluttede i Europa, lykkedes det ham at få tilladelse til at tage til Hvalrosbugten for endnu en udsendelse til en udpost.

AACS' underofficer, og også vedligeholdelseschef, var Ken "The Count" Kelso. Ken var tidligere skovridder og bygningsarbejder fra staten Washington. På trods af, at han var firskåren og muskuløs, var han en dag bekymret for, at han i en alder af 35, ikke længere var i stand til at løfte fulde olietønder ene mand. Han havde en intuitiv sans for at løse alle typer vedligeholdelsesopgaver og var uundværlig for den løbende drift af vores radiokommunikation og mekaniske udstyr.

Selvom han havde været udstationeret i to år på Samoa, i det sydvestlige Stillehav, blev Ken også træt af at gøre tjeneste på "fastlandet", og han meldte sig frivilligt til endnu en oversøisk tur. Han indrømmede dog, at han aldrig havde drømt om et sted som Grønland.

De to radiosonde operatører var Don Horton og Cliff Underhill. Horton var fra Springfield, Illinois, og var en af dem, der fra starten var udpeget til at gøre tjeneste i et år - allerede før USA gik ind i krigen. Før han blev hjemsendt i 1941, havde han tjent i en fotografisk eskadron. Da så USA gik ind i krigen, blev Don genindkaldt til tjeneste og overdraget til vejrkommandoen. Før han kom til Grønland, var han stationeret i Alaska og på Norman Wells, Northwest Territories, Canada. Norman Wells var en af de koldeste steder på det nordamerikanske kontinent. Temperaturerne faldt ofte til under minus 35 grader celsius i flere uger ad gangen. Don havde modenheden af at være 30+ år og havde en meget analytisk måde at tilgå problemer på.

Cliff Underhill havde drevet en restaurant i sin hjemby nær Manchester, New Hampshire. Cliff var vild med kortspil og dart.

Udover Kelso var de tre AACS-mænd Ralph Dutton, vedligeholdelsesmand fra Chicago, Thomas "Gazelle" Filson fra Oil City, Pennsylvania, og Doug Steward fra Colorado. Ralph var næsten et år yngre end mig, men hans livserfaring fik ham til at fremstå meget ældre.

Både Filson og Steward var radio/vejrobservatører. Filson var også en af dem, der fra starten var udpeget til at gøre tjeneste i et år, og det allerede før USA gik ind i krigen, hvor han i 1942-1943 havde forrettet tjeneste ved en grønlandsk forpost på vestkysten, Cruncher Island[20]. I begyndelsen af 1945 returnerede han til oversøisk tjeneste og fik valget mellem Kina og Grønland. Han valgte Grønland. Han havde en nærmest eksplosiv humor, som hjalp os igennem kedsomheden. Doug Steward voksede op på en gård i Colorado. Han elskede udendørs aktiviteter, ikke mindst jagt, som Arktis tilbød.

Albert Root fra Otego, New York var kok. I før-krigsårene havde han arbejdet en tid som kok på Cornell University. Bert, vores "dreng" var en vovehals i udendørs eskapader. Han gik ud i storme, klatrede i fjeldene, sejlede i kajak og svømmede i isfyldt

Kokken, Albert Root i sit køkken

---

[20] Cruncher Island hedder på grønlandsk Simiutaq, og er i dag en ubeboet ø, beliggende ved den nordlige fjordmunding af Kangerlussuaq Fjord (Søndre Strømfjord)

vand i fjorden. Sig det – og han gjorde det.

Dave "Ala Lunce" Lunceford fra Atlanta, Georgia, var vores vejr- og radiomand og Marion "Shorty" eller "Doc" Cauthen fra Florida, vores sanitetsmand. Begge var fra syden. Dave var glad og udadvendt. Doc var stille, men meget populær. Da vi valgte sengepladser i barakken, valgte Dave og Doc sengene så tæt på de to oliekaminer som muligt. Dave gjorde det fordi han havde været stationeret i seks måneder på Omstead Airbase nær Harrisburg, Pennsylvania, hvor han havde været igennem en hård nordisk vinter og vidste derfor, hvordan man skulle tage de nødvendige forholdsregler imod kulde, i forhold til hans elskede varme i det sydlige. Doc, derimod, som aldrig havde været uden for Florida, end ikke under hans militærtjeneste, havde aldrig før set sne. Hans første erfaring indtraf en tidlig septemberdag, under den første frost, da han hurtigt opdagede, at isen på de frosne vandløb var meget glat.

Jeg kom fra Philadelphia og gik på Lehigh University. Da jeg meldte mig til tjeneste i slutningen af mit første semester, blev jeg belønnet med et større pengebeløb

***

Spisebordet var centrum for vores diskussioner. Da vi jo havde skifteholdsarbejde, var der sædvanligvis altid nogen, der sov i løbet af dagen. Men hvis der var noget tidspunkt, mere end andet, hvor alle var oppe, var det sædvanligvis ved spisetid. Vi talte uvægerligt om alt mellem himmel og jord, der dukkede op i vores hoveder, og selvom samtaleemnerne sjældent ændrede sig, blev vi aldrig trætte af dem. En sammenskrivning af en spisebordssnak i løbet af året, kunne for eksempel omfatte en samtale nogenlunde sådan her:

-Hvor højt nåede RAWIN i aftes?
-7.600 meter!
-7.600 meter? Ha, det er ikke engang så højt som den brækkede antennemast, er det?
-Nej, men det er højere end vi plejer at nå, når vi nu også skulle kæmpe med radiosonden.
-Hvad-i-alverden mener du? Kæmpe mod radiosonden? Det var dig, der holdt vores højde nede"
-Jaah, og du dyrker det rigtig nu. Du lever højt på, at udstyret er gået ned.
-Ræk mig lige smørret og honningen.

-Hvor er Mac og Kelko?

-De er gået i seng!

-Hvad, er Kelko gået i seng? Han var her for et kvarter siden!

-Ja, men han sagde, han var træt. Han har været oppe siden i går, og han var ikke sulten.

-Det skulle han heller ikke være. Han spiste en halv tærte og fire stykker ost, da han fik fri i morges.

-Det er småspisen for ham. Han kunne ikke have været særlig sulten.

-Han sagde, at han troede, han ville hvile sin mave. Den arbejder på fuldt tryk igen.

-Ha, det er vist ham, der arbejder på fuldt tryk igen.

-Vil du have en pandekage mere, dernede?

-Nej tak. Jeg er i gang med den tredje nu.

-Vil Mac op nu?

-Det tror jeg ikke. Han har kun sovet 18 timer.

-Så må vi hellere lade ham sove.

-Hvordan kan det være, at du er oppe, Dutton? Kan du ikke sove igen?

-Nej, jeg vendte og drejede mig fra klokken 3 i morges. Så stod jeg op.

-Send lige smørret og honningen herned, tak.

-Og lad os også lige få kaffen, nu da du er i gang.

-Hvad pokker er der galt med den her kaffe?

-Det er af den gamle. Flyet havde ikke nyt med, skønt vi bad om det.

-Hvilket fly?

-Det fly, du ved, som kom forbi for nogle måneder siden. Det med vinger.

-Kom der et fly herop? Hvor var jeg da? Sov jeg? Hvorfor var der ikke nogen, der kaldte på mig?

-Åh, så du så ikke lige det, der var her for et par måneder siden? Det eneste der blev nedkastet, var godt nok kun et par sække med post og nogle forsyninger.

-Hvordan er vejret nede i Ikateq[21]?

-Ret godt. Det siges, at der måske snart kommer et postfly herop til os.

-Sagde de noget om hvornår?

-Jeg ved det ikke. Måske i morgen. Måske i går. Jeg ved det ikke.

---

[21] Ikateq er en forladt flyveplads i Østgrønland nær Tasiilaq, hvor man under 2. verdenskrig byggede en amerikansk luftbase som led i de amerikanske forsvarsanlæg i Grønland: Bluie East Two. Basen blev forladt i 1950'erne. Amerikanerne efterlod alt udstyr, biler, lastbiler, huse, møbler og tusindvis af olietønder, der stadig er der, og som stadig er genstand for stor diskussion – ikke mindst, hvad angår de eventuelle miljømæssige problemer

-Hmmm, hvis de ikke sender os et "mail plane" (postfly), håber jeg fandeme, at de sender et "fe-male fly" (et fly med kvinder)
- Hej, når jeg nu tænker på det, så har de fyre dernede ikke haft et fly i et par uger nu. Det undrer mig, hvordan de klarer sig.
-Hvordan er vejret oppe i Eskimonæs?
-De har storm. Jeg tror, den kommer herned.
-Åh nej, ikke endnu én.
-Hej, hvem vil have disse pandekager, før jeg giver dem til hundene?
Well, giv ikke den fandes køter til Nicki flere pandekager. Han har de senere dage ikke arbejdet hårdt nok til, at det kunne gøre en fugl sulten.
-Så du ham springe rundt i går? Hele kopplet løb højre om en af masterne, men Nicki besluttede sig for at gå sine egne veje. Han løb venstre om.
-Hvad skete der med hundeslæden?
-Ha, den havnede halvvejs oppe i masten.
-Ha ha, selv om vi ikke formår at få hundene til at arbejde, så giver de os noget at snakke om.
-Jeg må gå nu. Jeg skal have gjort noget gas klar til ballonopsendelse.
-Jep gutter, lad os se nogle resultater fra jer. Det var ikke engang umagen værd, at sende jer herop, sådan som I driver den af.
-Har du ikke hørt det? I dag vil vi nå op i 15.000 meter
-Kiss my ass.... Hold nu op.

***

Eftersom vi befandt os langt over polarcirklen, var solen under horisonten om vinteren fra 20. november til 20 januar, og konstant over horisonten i to måneder i sommerhalvåret. Fjeldene mod nord forhindrede os desværre i at se solen fra vejrstationen ved midnatstid. Disse ekstremer, hvad angik mængden af dagslys forårsagede, at vi var nødt til at ændre vores daglige vaner. Kun i en kort periode om "foråret" og om "efteråret", havde vi vores normale og forventede timer med dagslys og mørke. Resten af tiden udholdt vi vintermånedernes begrænsende mørke eller det uendelige skue af konstant dagslys. Det var svært at vænne sig til dette mærkelige fænomen med vedvarende lys/ingen nat. Vi havde en mærkelig følelse af, at en eller anden uset kraft holdt tiden tilbage.

Temperaturerne under den korte sommer lå i gennemsnit omkring 5 grader. I 1945, efter vi netop var kommet nordpå fra den forholdsvis varmere, sydlige del af Grønland, med temperaturer på 20 grader og mere, tog det os lidt tid at vænne os til det køligere vejr. Da vejrstationen var repareret, og skibene var afsejlet, var vi ved at vænne os til de nye forhold.

Men den følgende sommer, efter otte sammenhængende måneder med temperaturer under frysepunktet, stegte vi bogstaveligt talt i de 5 graders "hede".

Sommeren bragte ikke kun kontinuerligt sollys, men også mudder fra tøvejret og kæmpe myggesværme. I starten var det meget overraskende at erfare, at myg er udbredt i Arktis. Faktum er, at de næsten uændrede daglige temperaturer, som følge af konstant sollys, hjælper til insekternes

Juni 1946 ved midnat: årets længste dag

formering. Som resultat heraf, blev enhver, der vovede sig udenfor uden at bære et myggenet, eller påføring af anti-myggecreme, overfaldet af en kæmpe sværmende sky af summende og ihærdige myg.

***

Som ugerne gik, efter skibenes afgang, faldt temperaturerne gradvist, og sidst i september var de små elve dybfrosne. Den første sne faldt den 10. september, og den kedelige brune, golde jord blev en kappe af ren klar hvid sne. Dette snedække blev liggende indtil juni.

I løbet af oktober var det let at registrere solen stod lavere og lavere på himlen, indtil vi den 19. november så den over horisonten for sidste gang i 1945. Den mest frygtede periode i Arktis stod for døren – mørketiden.

Der er et fænomen i Arktis, kaldet "looming of the sun[22]", der opstår nogle gange et par dage efter, at solen faktisk er gået ned. En skarp temperaturvending fra overfladen (en tilstand, hvor luftens temperatur bliver varmere i stedet for koldere de første par hundrede meter over jorden) vil forårsage en unormalt skarp reaktion af solens stråler. Så før vi havde sat os ind i sagen, var vi alle forundrede over at se solen, efter den jo skulle være gået ned.

Fra den dag, hvor solen forsvandt, og indtil årets korteste dag, var der en lille ændring i antallet af lyse timer. Den 21. december varede tusmørket i fem timer, men det var betydeligt svagere i intensitet sammenlignet med dagene umiddelbart efter den endelige solnedgang i november. Det gyldne skær på himlen strakte sig lidt over fjeldtinderne på Kap Brewster, mens farverne på tværs af himlen mod nord gradvist ændrede sig til orange, derefter pink og lyseblå for til sidst at blive mørkeblå. Selv om vi efter den korteste dag ikke kunne se solen, vidste vi ifølge kalenderen, at den var på vej tilbage. I løbet af cirka fire uger ville vi se den igen! Og en af forhindringerne ville være lagt bag os. Lidt efter lidt kunne vi mærke det svage dagslys vinde over mørket.

---

[22] Looming of the sun – eller fatamorgana. Et fatamorgana opstår, når lyset rammer et luftlag med en markant højere eller lavere temperatur end den omgivende luft. Det sker f.eks. ofte i en ørken (eller i Arktis), hvor luftlaget lige over sandet kan blive meget varmere end luften lidt højere oppe.

Men selvom de lange mørke vinterdage manglede ægte skønhed, bød de lange stille nætter i det mindste på Aurora Borealis - nordlys. Disse scenerier varede i mange måneder. Selvom de sjældent varede så længe, var der altid et publikum til det spektakulære show.

December 1945 ved middagstid på årets korteste dag

Dets dansende former hen over hele himlen mindede os om et gult satin teaterforhæng med dybe bølgelignende folder, der åbnede og lukkede sig. I rolige klare nætter, hvor månen skinnede klart, reflekterede lyset sneen og oplyste landskabet. Det skabte en ro, der havde en tendens til at få os til at glemme de mange farer ved rejser i den arktiske del af verden. Men i de mange nætter, hvor skyer dækkede himlen, var mørket tykt og urokkeligt. To udvendige, elektriske lys oplyste området mellem operationsbygningen og messen, men andre steder måtte vi benytte en lommelygte for at finde vej. Desværre var vores lager af batterier til lommelygter alt for lille. Midt om vinteren, da vores forsyning var opbrugt, var vi nogle gange tvunget til at stole på små ineffektive pennelygter, der var beregnet til natlige vejrballonopsendelser.

På klare nætter uden måne, var der naturligvis utallige stjerner. Jeg syntes altid, at det var spændende at se, at Nordstjernen befandt sig næsten lige over ens hoved.

Gennemsnitlige vintertemperaturer svingede mellem -25 og -5 grader Celsius. De varmeste temperaturer indtraf sædvanligvis i forbindelse med snefald, eller under hård blæst. Men når vinden blæser, føler man det, der kaldes den effektive temperatur eller den faktiske temperatur på baggrund af vindhastigheden i kilometer i timen[23]. Så, selvom termometeret viste høje temperaturer, ville vi faktisk føle en lavere temperatur - ud over vindens ubehag. De par gange det skete, at temperaturen sneg sig op omkring frysepunktet, begyndte vi at snakke om hedebølge. Efter en uge eller to med temperaturer under minus 15 grader, fik en stigning til minus 10 grader eller højere alle til at føle sig behageligt varme. Så spøgte vi med det tykke tøj, vi ville have på derhjemme med lignende temperaturer.

Vinterpåklædt: West, Horton, Underhill

Når vi gik fra bygning til bygning i lejren, bar vi sædvanligvis lidt varmt udendørstøj, for at holde varmen. Siden vi ikke var underlagt noget

---

[23] I daglig tale kalder vi det for "chillfaktor". Chillfaktor er den afkølende virkning, som kombinationen af lave temperaturer og vind har. Begrebet benyttes især om virkningen på menneskers hud, hvor vinden fjerner den varme, kroppen producerer.

uniformsreglement, var vi iklædt det, der passede bedst til lejligheden. Ideelt arktisk tøj viste sig at være både vindtæt og varmt foret. Næsten alle bar arktiske feltjakker (tykke, uldforede og vindtætte) eller luvforede jakker. Parkas, selvom de var ideelle til koldt vejr, var for besværlige at tage på, undtagen under kraftige storme. Mit bedste klædestykke var en aftagelig parkahætte, som jeg havde bragt med hjemmefra. Jeg satte hætten på min arktiske jakke, når vejret først blev dårligt, for så var mine ører og hoved beskyttet mod den bidende kulde. Jeg kunne således også gå ud i det hårdeste vejr uden at bekymre mig om, at sneen kunne fyge ned ad halsen og ryggen på mig.

Vi var dog uenige om, hvad der var den bedste måde at holde benene varme på. De fleste af mændene gik i kerseys (uldforede bukser med windbreaker-yderside). Men et par af os fortsatte med at bruge vores kampuniformsbukser. De var komfortable indendørs på grund af de opvarmede bygninger. Men deres største ulempe var fornemmelsen af kuldeslag om benene, når vi vovede os udenfor. Når jeg arbejdede udenfor i længere perioder, tog jeg dog et sæt stormbukser på, og spændte dem ved anklerne. Derved skabtes en isolerende luftmasse om benene.

De målte vindhastigheder ved Hvalrosbugten var ikke de højeste registreret i Grønland, men den samlede "kilometer pr. time" var sandsynligvis blandt de højeste. Normalt registreredes der mindst én observation hver dag i vintermånederne vinde på over 25 km/t (7 m/s) eller 35 km/t (10 m/s), og der var næsten ikke en uge uden vindstød på mellem 50 km/t (14 m/s) og 65 km/t (18 m/s). Disse moderate vinde blev blot betragtet som en mindre gene og blev hurtigt glemt. Også selvom enhver udenforstående ville finde disse vinde ubehagelige. Uden at forvolde skade, byggede vindene bare snedriverne op omkring bygningerne, og pakkede sneen på de åbne områder. Vores håb var, at disse snedriver rundt om bygningerne hurtigt ville nå op til taget, inden de kraftige storme kom, så vores bygninger var beskyttet mod stødene fra den virkelig kraftige vind.

De kraftige vinterstorme fra nord fortæller dog en anden historie. Der er skrevet meget om styrken af disse storme. Vi kan beskytte os imod kulde, men vi er fuldstændig hjælpeløse, når vi bliver mødt af disse storme. De er uden for fatteevnen for dem, som aldrig har oplevet det. Stormen kan slå til og udvikle sig til fuld kraft inden for en time, og den kan blive ved i flere dage i træk. Den fygende sne svier i ansigtet og på den blottede hud og giver smerter i øjnene på enhver, der begiver sig udendørs. Det er som at gå direkte ind i en sandblæser, og man har intet andet valg end at gå krumbøjet og vende ansigtet væk fra den bidende, blæsende vind. Det er vanskeligt at trække vejret. Sigtbarheden var ofte reduceret til kun få meter, og vi kunne nemt miste orienteringen mellem bygningerne, hvorfor det var nødvendigt med fix-punkter. Vinde på 140 km/t (40 m/s) er stærke nok til at vælte selv en stærk mand omkuld. Somme tider var vi nødsaget til at kravle for overhovedet at komme fremad. Den fine sne kan trænge igennem selv den mindste åbning i tøjet, eller i bygningerne. At sove var den eneste tilflugtsmulighed mod den uophørlige dunken og hylen fra vinden. Mens stormen rasede, var vi altid bevidste om naturens mægtige kræfter: Bygningerne skælvede, sneen slog som sand mod vinduerne, og vindens hylen syntes uendelig.

I kamp mod den hårde vind

Men efter stormen havde lagt sig, er roen og stilheden noget så ufattelig behagelig. Mindet om stormen var da bare en afslappende drøm.

Hvis en storm blæste i mere end en hel dag, og hvis de vedvarende vindhastigheder overskred 120 km/t (35 m/s) – orkan, blev det betragtet som "en ordentlig en på hatten". Storme med knap så kraftige vinde, var bare "endnu en storm".

Hver af de tre vinterstorme, som ramte os, havde sin egen karakter.

Sandt nok, vind er vind. Men hver af de kraftige storme havde så forskellig effekt på vejrstationen, at vi huskede den enkeltes særprægede karakter.

Den første store storm ramte os i november 1945. Der blev ikke påført stationen skader på trods af, at snedriverne omkring bygningerne endnu ikke var tilstrækkelig høje til at fungere som beskyttende buffere mod blæstens kraft. I den nordlige ende af barakkerne havde Mac og Filson værelse, som altid blev fyldt med sne, idet vinduerne ikke var blevet ordentligt tætnet. Den kraftige vind havde blæst sne igennem hvert eneste lille bitte nålehul, der måtte være i vinduesrammerne. Men det var kun starten på de problemer.

Den 19. og 20. december blev vi ramt af den største storm af dem alle. I løbet af den første time blæste vores vindmåler væk! Derfra havde vi ingen nøjagtig måling af vindhastigheden. Men sammenligninger med effekter fra andre storme hjalp os til at skønne, at vi havde stabile vinde på op til 170 km/t (47 m/s). Inden den fulde kraft ramte, fik Mac en dyr albuelang flyvehandske revet ud af hænderne, og han så den aldrig igen. En af radioantennemasterne bøjede sig under vindens belastning. Vi var uden kontakt til omverden, indtil Kelso kunne reorganisere antennesystemet. En bunke med 8 x 30 centimeter byggetømmer var spredt rundt som tandstikkere. Nogle strøm- og telefonledninger mellem bygningerne rev sig løs. RAWIN-stativet led mindre skade og skulle repareres. Da stormen opstod i perioden med mindst dagslys, blev det efterfølgende reparationsarbejde langsommeliggjort på grund af mangel på dagslys.

Mac og Filson troede, at de havde klargjort deres værelse til denne anden storm, idet de denne gang havde sikret deres vinduer grundigt. Alligevel var det den samme historie om igen, idet et 10 centimeter tykt lag sne dækkede hele rummet.

Da så den næste storm ramte os den 25. januar, var deres værelse endelig uindtageligt forseglet mod vinden og den fygende sne. Nogle huller blev endda forseglet med små stykker tyggegummi. De højeste konstante vinde i denne 3. storm var omkring 130 kilometer i timen med vindstød på 185 kilometer i timen. Både RAWIN-stativet, samt strøm- og telefonledninger blev igen beskadiget. Vi led også tabet af "Chic Sale" (lokummet), som blev blæst omkuld og stedt til hvile omkring 30 meter tættere på fjorden. Steward bar et magasin i sin lomme, og det rev sig løs og blæste væk. Vi snakkede om, at det sandsynligvis landede et sted i nærheden af den handske, som Mac havde mistet tidligere.

Sådan er RAWIN-antenne og -stativ er monteret

Vores bygninger var ikke tiltænkt at kunne modstå det arktiske vejr. De var af let konstruktion og var designet til brug i moderate, tempererede klimaer og bestemt ikke i egne med temperaturer under frysepunktet og i de storme, der hærgede Arktis. Besætningen, vi afløste, fortalte os, at forsendelsesordren for de præfabrikerede sektioner var mærket som "beregnet til troperne". De advarede os også om at være særligt kritiske over for kabelwirer, der var spændt over tagene og forankret i jorden. De skulle ikke være for løse og ikke for stramme. Under en af stormene blev taget på operationsbygningen flået af og fløj "ad Azorerne til". Ikke et eneste stykke af det blev nogensinde fundet igen. Det nye tag var en af mange reparationer udført af hærens ingeniører i løbet af den uge, hvor vores overdragelse fandt sted.

Selvom vi også havde vores problemer, var vi heldige nok til aldrig at være nødsaget til at udføre større reparationer. Mange gange ønskede vi alle at befinde os et helt andet sted. Det særligt i situationer, hvor vi troede, at bygningerne ingen chance havde for at modstå den kraftige blæst. Vind på 50 kilometer i timen fik stormvinduerne til at rasle. Vinde omkring 65 kilometer i timen rystede væggene, og vinde over 130 kilometer i timen fik selve gulvet til at ryste. Det mindste hul i en væg, der vendte mod vinden, normalt nord, var en invitation til fygesne om at trænge ind. På denne hårde måde lærte vi, hvor der var brug for propper.

Da besætningen fra det foregående år ofte ikke kunne komme ind i bygningerne gennem dørene mod syd på grund af taghøje snedriver, rådede de os til at konstruere vindfangene med de åbne sider vendt mod vest, væk fra læsiden og fra den herskende vindretning.

Men disse nye konstruktioner medførte andre problemer. Hvirvelvinde piskede sne ind i vindfangene og pakkede sneen fast. Mange gange, før vindfangene var skovlet fri, var vi tvunget til at kravle gennem en snæver passage på toppen snedriven for at komme ind eller ud af en bygning.

Hundene klarede normalt en storm ved at ligge og krølle sig sammen med næsen begravet i halen, indtil de var dækket af et beskyttende lag sne. De opdagede snart vindfangenes stille oase og slog sig ned der under snestormene. Sneen dækkede langsomt hundene til, indtil deres omrids gik i ét med snedriverne. Vi blev således tvunget til at gå forsigtigt for at undgå at træde på dem. En gang lå en hvalp stille så længe, at da den vågnede, var den dækket af mere end 30 centimeter sne. Den kunne ikke frigøre sig, før vi skovlede den fri. Ingen ved, hvor mange gange vi havde trådt på den under dens lur, mens stormen rasede.

Vi havde vores problemer med sne på taget, der smeltede og dryppede ned gennem lofterne. Mange gange, når en syndflod af vand begyndte at trænge ind, spekulerede vi på, om vi ville være i stand til at øse vand hurtigt nok. Vi var uforberedte på den første syndflod, og manglen på ekstra dåser og kopper var hurtigt tydelig. Men derefter, ved at konstruere omfattende afløbssystemer rundt om i lokalet, og ved at holde skarpt udkig efter overfyldte drypbeholdere, lykkedes det os at komme igennem trængslerne umiddelbart efter snefald - og det uden at ty til gulvmopperne alt for ofte.

En bekymring, vi altid havde under storme, var driften af oliefyrene. Når vinden nåede 65 kilometer i timen eller højere, fungerede de ikke. På disse tidspunkter var det kun rummet umiddelbart omkring ovnene, der gav en smule varme. Køkkenet var heller ikke opvarmet ordentligt på disse tidspunkter, og ved mere end én lejlighed blev vores måltider forsinket, fordi tilberedningen af maden trak ud. Nogle gange, når der var særligt stærkt træk gennem rummet, slog ovnene tilbage med et brøl, og et tykt lag sod lagde sig over alt.

De fleste af os mente, at det i Arktis var klogt at blive "hjemme" i det dårlige vejr. Selvom en tur i en rasende kuling kunne være "noget at prale af", havde de færreste af os nogensinde gjort det af fri vilje.

Mac og Root var dog undtagelserne. Ligesom en af veteranhundene, Foxy, glædede de sig over at prale for sjov, når vejret blev dårligt. Mere end én gang, hvor vinden blæste med over 80 kilometer i timen, begav Mac sig mod landsbyen. Den ene gang var han dog heldig, da det blev tid til hjemturen og vinden var blevet meget kraftig. Kolonibestyreren bad ham vente, indtil hans fornemmelse og almanakken fortalte ham, at vinden ville aftage. Mac ventede, og vinden stilnede af. Mac ventede, og vinden stilnede af.

Under en meget kraftig snestorm i april, drog Mac og Root ud med Doc, som skulle behandle en syg grønlænder i landsbyen. Seks timer senere vendte de tilbage til stationen efter at have været faret vild. De havde gået formålsløst rundt for at finde ud af, hvor de var. Men snestormen begrænsede sigtbarheden til kun nogle få meter, så det var umuligt for dem at holde kursen. Alle tre indrømmede, at de havde været bange, og ingen af dem havde næret håb om at se basen igen, før stormen stilnede af. Lige før de gjorde sig klar til at slå lejr og vente på at stormen løjede af, besluttede de sig for endelig at stole på hundenes målsøgende instinkt. De blev hurtigt belønnet ved at se lysene på stationen.

Ved forskellige lejligheder kæmpede Underhill og Root sig igennem snestorme, hele vejen hjem fra landsbyen. Roots oplevelse i begyndelsen af november, kunne nemt være blevet hans sidste, idet den nye is i bugten begyndte at bryde op, og kun hundene, der trak slæden, reddede ham fra at falde i det iskolde vand.

Horton, derimod, begav sig aldrig unødigt ud i en storm. Under decemberstormen blev han i barakken, da stormen var på sit højeste, i stedet for at slutte sig til vores selskab i messen.

Lige før januar stormen ramte stationen, ordnede Mac, Horton og jeg noget i brinthuset. Mac afsluttede sit arbejde og gik, netop som stormen begyndte. Da vinden nåede omkring 95 kilometer i timen, besluttede jeg mig for at gå over i messen, selvom jeg ikke havde fuldført arbejdet.

Horton derimod, håbede at vinden snart ville aftage, så han valgte at blive lidt endnu. Et par minutter efter at jeg nåede i sikker havn i messen, brød stormen løs med al sin kraft. Et par timer senere, da Horton stadig ikke var dukket op, besluttede Mac og Root at gå over efter ham. De bandt et sikkerhedsreb mellem sig og begav sig ud på redningsmissionen. En halv time senere vendte de alle tre tilbage. Under resten af stormen var der ingen andre - ikke engang Mac - der vovede sig ud fra messen

Normalt var vi nødt til at samle betydeligt mod for at løbe ud i en arktisk storms raseri. Den korte afstand mellem to bygninger blev en kampplads for kompromisløs overvindelse. Tanken om at forlade en bygnings tryghed og sikkerhed for at begive sig ud på en vis fysisk afstraffelse fik os til at tænke os om en ekstra gang. Jo længere tid vi overvejede ideen, jo mere afskrækkende virkede barrieren af vind og fygende sne. Hvis vi var heldige med at vælge det rigtige øjeblik for en lille pause, kunne afstanden tilbagelægges uden alt for meget besvær. Eller, hvis vinden var stabil, kunne vi spæne afsted og bare blive ved med at storme fremad. Men, hvis et kraftigt vindstød pludselig kom, blev vi normalt blæst ud af balance og nogle gange faldt vi. Da vi normalt fandt det umuligt at se mere end et par meter frem, hvis så langt, måtte vi bare blive ved med at kæmpe os videre, indtil vi så en velkendt genstand, såsom en pæl eller et hjørne af en bygning. Så kunne vi fortsætte eller ændre kursen i overensstemmelse hermed. De udvendige lys hjalp lidt, men under længere tids storm vibrerede de sig som regel løs fra deres fatninger, og vi måtte famle os vej med svage lommelygter gennem den blændende sne og mørke.

Mine briller var et eksempel på den blæsende, bidende og stikkende kraft fra sneen. Ved slutningen af vinteren var linserne uklare, som havde de været udsat for en sandblæsningsmaskine. Jeg havde svært ved at se igennem dem.

Hele vinteren blev vi advaret af de lokale om at være på vagt over for tilstedeværelsen af isbjørne. Selvom nogle bjørne blev dræbt i de nærliggende landsbyer, vovede ingen sig nogensinde for tæt på vores vejrstation. Larmen fra dieselmotorerne i maskinrummet og de ukendte lugte fra vores sko og tøj omkring lejren skræmte dem sandsynligvis væk. Men når vi gik over isen til landsbyen, undervurderede vi aldrig sandsynligheden for at støde på en isbjørn. Vi bar normalt rifler eller karabiner. Men heldigvis så ingen af os nogensinde en bjørn. Vi var godt klar over deres evne til at forsvare sig selv, og vi ønskede egentlig ikke at blive udsat for et møde med dem.

Mac og jeg indrømmede, at vi nogle gange var særlig opmærksomme og bange om natten, mens vi sad alene ude på RAWIN-vagt - isoleret og hundrede meter fra de andre bygninger. Vi fandt normalt ud af, at nogle hunde, der var gået ud i vores område, var årsagen til vores bekymring, men indtil vi fik øje på dem, fik vores fantasi frit spil.

En gang, midt i marts, i løbet af en kold nat på -16 grader, hvor alting er mere lyt, havde Mac været oppe på fjeldet og var sikker på, at han havde hørt en isbjørn komme imod sig. Han kom tilbage til operationsbygningen, hvor vi ladede vores rifler og gik tilbage til området ved fjeldet, hvor vi ventede og lyttede i over en time. Til sidst fik kulden overtaget, og vi måtte gå ind igen. Følelsesmæssigt var vi skuffede, men realistisk, så var vi begge glade for, at vi ikke kom til at stå over for en isbjørn.

Mens dagene i de mørke vintermåneder gik, en efter en, ventede vi spændt på, at det skulle blive den 20. januar. Den dag skulle solen nemlig dukke op igen. I løbet af ugen før den store begivenhed blev fjeldtoppene mod nord, bag stationen, badet i svagt lyserødt sollys et par minutter hver dag. Endnu en gang var vi vidne til daggry ved middagstid! Men denne gang blev hvert daggry længere i stedet for kortere. "Det varer ikke længe", tænkte vi. Om morgenen den 20. blev vejret imidlertid dårligt, og vi måtte vente endnu en hel uge på se solen. Vi var ikke specielt modløse, for vi vidste, at "El Sol" endelig var der, skønt det i første omgang kun var et par minutter omkring middagstid. Endelig, den 27. januar, klarede vejret op i et par timer, og vi hyggede os i det spæde sollys, da den orange dis gjorde sin korte entré. Vi kunne se vores skygge igen!

Vejret blev igen dårligt, og gennem det meste af februar havde vi næsten konstant skydække, der fuldstændigt forhindrede os i at se solen. Først i sidste uge af februar havde vi mulighed for at se solen hver dag. På det tidspunkt var den klatret betydeligt højere op på himlen. Vores lange, lyseblå skygger i slutningen af januar var på dette tidspunkt blevet kortere og sorte. Der var sne overalt og det påførte vores øjne en voldsom belastning, så vi begyndte at bære solbriller for at minimere faren for sneblindhed.

Naturligvis blev slutningen af den mørke periode hyldet med glæde og en følelse af lettelse. Selv grønlænderne nød at se solen igen. For os alle havde de mørke måneder pålagt os begrænsninger i udendørs aktiviteter. Vi havde alle følt, at det skabte en klaustrofobisk følelse efter de konstante indendørs aktiviteter, men der var ikke noget, vi kunne gøre for at ændre det.

Med solens tilbagevenden kunne vi så igen komme væk fra stationen af og til. I det mindste for en kort stund, og slippe af med noget af vores indestængte klaustrofobi. Det var skønt med et sceneskift fra altid at se på de samme vægge.

Vi så frem til at tøvejret skulle sætte ind i maj. Selvom vi stadig havde flere lange måneder foran os, kunne vi nu endelig se tilbage på den mørke periode - den velkendte nemesis i Arktis.

Endelig forår – endelig tøvejr

Kapitel 3 – Stationspligter og hundene

I løbet af året var vi selvfølgelig forpligtet til forskellige opgaver på stationen. Vejr- og radiomændene var i starten pressede, da de skulle sende vejrdata hver time. Senere kunne de lykkeligvis nøjes med at sende observationer hver tredje time, da masseflyvningerne tilbage til USA fra Europa blev afsluttet i slutningen af september. Vores RAWIN startede driften den 1. september og blev oprindeligt opretholdt med to opsendelser om dagen i kombination med radiosonde.

I vores radiosonde-operation sendte vi et lille, kompakt og sofistikeret instrument i luften, hængende under en 1,5 meter i diameter stor ballon, der indeholdt en miniature radiosender sammen med temperatur- og luftfugtighedsmåler. Når ballonen steg gennem de forskellige luftlag op til højder på 15.250 meter eller mere, blev radioimpulser svarende til temperaturen og luftfugtigheden på det aktuelle tidspunkt sendt tilbage til vores modtagestation på jorden. Operatøren, som sad ved radiomodtageren, evaluerede derefter disse impulser til aktuelle data.

Målet var at få en ballon op i 9.000 meters højde eller højere, før ballonen sprang på grund af ekspansion. I denne højde ville den have udvidet sig til en størrelse på mere end 9 meter i diameter. Sommetider, på grund af stærke vinde, blæste ballonen uden for rækkevidde under horisonten, før den nåede den ønskede højde, og vi ville være nødt til at afslutte forløbet på grund af manglende signal. Nogle gange skete det, at ballonen sprang for tidligt.

RAWIN-drift (RAdio WINds aloft) krævede sporing af det kontinuerlige bølgesignal fra en lille radiosender ved hjælp af et retningsbestemt antennearray[24]. Hvert minut blev elevations- og azimutvinklerne[25] fra RAWIN-installationen og til ballonen aflæst fra et "ur" og registreret. Ved brug af trigonometritabeller[26] blev vindhastighederne og ballonens retning i luften beregnet i de forskellige højder.

---

[24] Et antennearray (eller array antenne) er et sæt af flere tilsluttede antenner, der arbejder sammen som en enkelt antenne, for at sende eller modtage radiobølger.
[25] Azimuth er den vinkel, som ethvert himmellegeme skaber i forhold til nord
[26] Trigonometri er en gren af matematikken som behandler relationen mellem sider og vinkler i trekanter.

Kombinerede RAWIN- og radiosonde-kørsler blev lavet ved at binde begge instrumenter til den samme linje fastgjort til ballonen.

I december blev der desværre problemer med radiosonden. Problemer, som vi ikke kunne reparere uden nødvendige reservedele. Da der på det tidspunkt ikke var planlagt flere postfly-nedkastninger for resten af mørketiden, måtte vi nøjes med at betjene RAWIN uden radiosonden.

Men RAWIN-stativet udviklede også problemer, der indimellem forhindrede dets drift. Stativet var ubeskyttet og monteret på et fladt, men stenet område hundrede meter væk fra operationsbygningen. Under de kraftige storme i december og januar blev en del af retningsantennearrayet beskadiget. Først, da vinden lagde sig fuldstændig, kunne Kelso svejse og reparere skaden. I denne nedbrudsperiode kunne ingen af os i luftsektionen sende rapporter.

Vi måtte skovle sne, så RAWIN-antennen kunne drejes rundt

Sidst på vinteren havde snedriverne på fjeldet nået en højde på omkring 2 meter, hvilket svarede til toppen af antennegruppen. Den mindste vind blæste herefter løs sne ind i det åbne hul, der indeholdt stativet og fyldte det med sne. Vi skulle skovle monteringsstedet fri for sne hver gang, så det kunne dreje frit alle 360 grader, før vi kunne tage en måling.

De fleste af os var glade for, at vi ikke havde de andres pligter. Vi var alle enige om, at de andres job på stationen havde mange store ulemper, og kun få gode - selvom vi konstant lavede sjov med hinanden om, at de andres opgaver var for lette. Indtil radiosondeoperatørerne, Don og Cliff, måtte stoppe deres målinger, var de nødt til at arbejde hver dag uden fridage. Ingen var villige til at bytte plads med Mac og mig, som RAWIN-operatører, fordi arbejdet indebar, at vi skulle sidde ude på den vejrudsatte post i en halv time eller mere, indtil målingen var afsluttet. Vejr- og radiooperatøren skulle ikke kun kæmpe med notorisk uberegnelige radiosignaler fra Grønlandsregionen, men også med et dovent mandskab i radiorelæstationen ved Ikatek, en semi-isoleret post omkring 800 kilometer syd for os. De ventede kun på at blive afløst og sendt hjem. Så de var ligeglade.

Radiojobbet var især nervepirrende i vintermånederne, hvor de elektriske felter, forårsaget af nordlyset, ødelagde radiomodtagelsen. Ét radiostop (et fuldstændigt fravær af signaler) i begyndelsen af februar varede i næsten to hele uger. I den periode var vi fuldstændig afskåret fra kommunikation med omverdenen.

Alle var dog enige om, at de af os, der skulle sørge for brint til luftballonmålingerne, havde den tvivlsomme ære at arbejde på djævelens eget territorium. Brinthuset, der blev bygget til det oprindelige mandskab, brændte ned i vinteren 1944. Branden var startet i et opvarmet rum i bygningen, hvorfor hovedkvarteret besluttede, at vores nye hus skulle bygges uden varmeinstallation. Som følge heraf, når temperaturen faldt til under frysepunktet, fik vi problemer med rester fra kemikalierne i cylinderen. Problemet var, at det frøs, inden vi kunne få det ud. Der var heller ingen, der misundte os, hver gang vi måtte udholde ubehaget og vanskelighederne ved at arbejde i den ekstreme kulde. Vi var dog overraskede over, hvor fingernemme vi kunne være, skønt vi havde tunge arktiske vanter på.

For at lave brinten gjorde vi følgende: Vi bar to 20 liters dunke vand til brinthuset fra køkkenet, ca. 70 meter væk. Herefter rengjorde vi cylinderen, hældte kemikalier i pulverform i, for så at hælde vandet i og lukke cylinderen. Så ventede vi, indtil gastrykket var opbygget til det ønskede niveau, fyldte ballonen, fastgjorde ledningen og instrumentet, og underrettede operatøren i operationshuset om, at vi var klar. Til sidst, på det rigtige tidspunkt, slap vi ballonen. Nogle gange i vinde op til 50 - 65 kilometer i timen. Over den hastighed kunne vi ikke udløse ballonen, fordi den var uhåndterlig.

Bygningen, der blev brugt til at lave brint i, målte omkring 6 gange 6 meter, med en loftshøjde på omkring 3,5 meter. Den ende, der vendte mod vest, havde en stor døråbning, så vi kunne komme ud med den fyldte ballon på 1,5 meter i diameter.

Klar til ballonopsendelse. Bemærk den lille sender 1,5 meter under ballonen

Derfor var bygningen ikke vejrtæt, og efter hver storm måtte vi skovle nok sne ud til at rydde et tilstrækkeligt arbejdsområde.

Efter den første storm gjorde vi os umage med at skovle al sne ud. Men allerede den anden storm viste, at vores anstrengelser var nytteløse, så det holdt vi op med. Efter den tredje og fjerde storm, resignerede vi og indså, at det var nytteløst at skovle lige så meget sne ud, som der blæste ind. Resten af vinteren skovlede vi kun sne nok ud til at rydde et minimalt arbejdsområde, men det var stadig et stort område på omkring halvdelen af bygningens gulvareal.

Mange af de mindre, men væsentlige, "husholdnings"-opgaver omkring lejren blev i de første syv måneder udført af to unge grønlandske teenagere fra landsbyen, Simone Simonsen og Thorkild Abilsen. Vi betalte alle til deres løn, i alt 10 USD om måneden for dem begge. Det var ikke særlig mange penge at betale, og nogle af de hårdeste opgaver blev udført for os. Simone vaskede op og hjalp til i køkkenet og andre huslige pligter. Thorkild arbejdede udenfor med hundeholdet, tømte affaldsspande og

Den unge mand i midten er formentlig vores hjælper, Thorkild Abilsen

skaffede olie til komfurerne. Det lykkedes os som regel at holde dem beskæftiget, selvom vi nogle gange var nødt til at opfinde opgaver.

Denne ordning fortsatte indtil midten af marts, hvor vi var nødt til at "fyre" dem. På grund af en række misforståelser beordrede kolonibestyreren, at Thorkild skulle slutte sit arbejde. Kolonibestyreren tilbød derefter at erstatte ham med en anden teenager, men da vi opdagede, at Simone også tjente som informant til kolonibestyreren om vores aktiviteter, svarede vi, at vi ikke længere havde brug for hjælp i lejren. Kolonibestyreren blev forarget og forsøgte at gøre det godt igen. Han ville gerne vide, hvad der foregik i lejren, men på trods af, at vi så selv skulle lave mere arbejde omkring stationen, holdt vi stand. Der blev ikke ansat flere grønlandske hjælpere hos os resten af året.

Vandtransport var vores mest enerverende og opslidende arbejde. En transport af vand bestod af seks tønder med 140 liter i hver. De skulle fyldes fra en nærliggende sø eller elv med håndspand. Tønderne skulle derefter tømmes – igen med håndspande. Det foregik gennem en tragt for at blive ledt ind i den store 3.800 liters tank lige uden for køkkenet. Denne opgave varede lidt længere end en dag.

Den store tank blev så vidt muligt holdt fyldt for at være klar til nødsituationer, såsom en længerevarende storm. Da vi holdt en fest for landsbybeboerne, blev vandet brugt meget hurtigt, for de lokale glædede sig over at åbne for vandhanen, så de med forundring kunne få drikkevand på en ny måde.

De problemer vi stødte på, med at skaffe vand, varierede naturligvis mellem sommer og vinter. I løbet af sommeren, hvor ingen sne dækkede jorden, brugte vi en halv-tons stor lastbil til at trække vandet op fra søen. Nogle gange blev lastbilen dog bakket for langt ned i elven, så baghjulene faldt ned i huller og spor, der var slidt dybe efter konstant brug. I

Nogen må arbejde hårdt, mens andre kommer med gode råd

optøningsperioden sank lastbilen ofte i dybt mudder op til navkapslerne. Det er nok overflødigt at nævne, at der skulle en masse opfindsomhed, en stor indsats, og mange diskussioner til, for at frigøre køretøjet i disse situationer. I vinterhalvåret anvendte vi snejeepen, en let traktor med larvefødder på bagakslen. Et hul i den metertykke is på søen skulle holdes åbent, så der altid kunne øses vand op.

De første par gange, vi brugte snejeepen, blev tønderne med vand transporteret på en sneslæde. Men mederne var for smalle til vægten, og slæden kunne ikke køre på løst pakket sne. Så fik vi snetraileren gravet fri med brede ski designet til at blive brugt med snejeepen. På det tidspunkt var den dog blevet dækket af to meter sne ved siden af en af bygningerne. Vi gravede den fri, og fra da af sad vi ikke fast med vandtønder i sneen, for de brede ski kørte let hen over alverdens driver.

I sommermånederne var vi plaget af myg, når vi slæbte vand. Om vinteren var vi handicappede af kulden. I det kolde vejr, arbejdede fire mænd normalt to og to og havde derved hele tiden mulighed for, at 2 mænd kunne varme sig indenfor. Vand sprøjtede uundgåeligt ud af spandene og

Der bringes vand til køkkenets vandtank.

73

tragten og frøs øjeblikkeligt ved kontakt med hvad som helst. Til fyldning af tanken uden for køkkenet, stod den ene mand på en platform, der var opbygget af is på tankrummets tag, mens den anden, der løftede spandene, altid fik noget af det sprøjtende vand på sig. Håndspandene og de store tønder, blev meget hurtigt belagt med et tykt lag is. Denne is skulle fjernes med mellemrum, for at vi ikke skulle løfte for meget ekstra vægt. Det er nok overflødigt at sige, at vi alle drømte om de gode gamle dage, hvor vi blot var afhængige af de offentlige vandværker.

At slæbe dieselbrændstof til vores generatorer var en anden nødvendig pligt. Olietønderne blev opbevaret oprestående i et depot nær garagen. Da tønderne frøs til jorden og blev dækket af sne i løbet af vinteren, var det et slidsomt arbejde at løsne dem. Endelig var der nogen der foreslog, at det ville være bedre at beholde et trailer-lad med tomme tønder og således håndpumpe olien fra dem i depotet til de tomme tønder på traileren, og derefter transportere olien til dieselbrændstoftanken i maskinrummet. Denne metode så først ud til at tage længere tid, men i sidste ende viste den sig at være langt nemmere end det gamle system.

Et hundehold, eller hundespand, som det også hedder, var den uundværlige transportform i den arktiske vinter. Vi gjorde brug af Thorkilds eget hundespand, og hundene fra det tidligere slædepatruljehold, som blev overdraget til os af kaptajn von Paulsen, da han rejste til Danmark. De maleriske slæder var konstrueret udelukkende af træbrædder, der var surret sammen med snor af sælskind. Denne konstruktion var traditionel i Grønland og gjorde det muligt for slæderne og træet at arbejde, når de kørte over ujævnt terræn og storis. De lokale foretrak at spænde deres hunde i vifteform frem for i tandem, idet hundene på den måde trækker bedre og er nemmere at kontrollere, når de er bundet sammen på den måde i vindpakket sne.

Medmindre man har forsøgt at styre et hold energiske hunde, kan man ikke værdsætte eller forstå de problemer, det kan give. Nogle hunde måtte indimellem lokkes tilbage til at trække, når de sløjede af eller, hvis de løb for langt ud til siden. Nogle gange kunne det betale sig at prikke til førerhunden med pisken og lade den motivere spandet. Det hændte, at to hunde begyndte at slås. Medmindre de kunne stoppes med det samme, ville alle hundene i spandet slutte sig til nærkampene og flette deres liner om sig selv og hinanden. Så måtte turen afbrydes, indtil alle hundeliner var filtret ud.

I Grønland spændes slædehunde for slæden i vifteform.

Når hundene opførte sig ordentligt og trak korrekt, fløj slæden bogstaveligt talt hen over sneen. Før afgang, når hundespandet var koblet for slæden, trak hundene i skaglerne, i bare iver efter at komme afsted. Det hændte jævnligt, at uerfarne slædekuske måtte gå tilbage fra en tur, fordi de ikke var hurtige nok til at hoppe på slæden. Når de først var i gang, ville veltrænede hunde ikke stoppe igen. Ved andre lejligheder kunne det omvendt hænde, at nogle hunde pludselig ikke ville trække. Den uerfarne slædekusk måtte derefter stå af slæden og løbe sammen med hundene og forsøge at lokke dem videre.

I løbet af sommeren førte hundene bogstaveligt talt et "hundeliv", men med sneens komme begyndte de at "tjene til føden". De anses for at være arbejdshunde og ikke kæledyr.

Da vi overtog stationen, havde vi tyve hunde eller flere, der strejfede rundt i lejren. Da vi på det tidspunkt ikke kendte den ene hund fra den anden, troede vi, at de alle var vores. Først senere opdagede vi, at de lokale i landsbyen havde ledt deres hunde over til os i håb om, at vi ville fodre dem. Det gjorde vi så. Senere fandt vi ud af, at om sommeren var det mest en

Klar til afgang

pligt at passe sine hunde i landsbyen. Det skyldtes, at de, trods alt, skulle have et minimum af mad, selv om de ikke arbejdede. Som et resultat deraf var landsbyens hunde altid underernærede på den årstid, hvor de ikke blev brugt. Efter det første snefald gik de fleste af de ekstra hunde dog hjem til landsbyen, og vi stod tilbage med kun vores eget hundehold.

En af disse "pensions" hunde, som vi kaldte dem, fik tilnavnet Roscoe. Han opholdt sig altid ved indgangen til operationsbygningen. Han var så afmagret, at hvis han blev placeret ved siden af et skelet til sammenligning, ville skelettet se sundest ud af de to. Men Roscoe boltrede sig, og han plejede -lige for snuden af os- at lede efter mad. Når vi gik over til operationsbygningen, tog vi som regel lidt mad med. Dels af medlidenhed, men mest for at aflede Roscoes opmærksomhed fra døren, så vi kunne passere uden at snuble over ham i det smalle vindfang. Hvis andre hunde fulgte efter os, knurrede den tandløse Roscoe ad dem, og mærkeligt nok fortrak de.

Senere, i løbet af vinteren, så vi Roscoe i hans ejers spand. Vi havde ikke noget mad med, men en af mændene gav ham noget slik, der oprindeligt var beregnet til børnene i landsbyen. Roscoe satte pris på slikket, og forsøgte at logre med sin stumpe hale, som for at sige: "Jeg vil aldrig glemme jer". Det er nok overflødigt at nævne, at Roscoe igen var emne for vores samtaler i nogen tid derefter.

Hver hund så ud til at have sin egen personlighed. Vi havde naturligvis vores favoritter. Men nogle gange blev de hunde, vi foretrak, svulstige og fede, og vi blev tvunget til ikke at fodre dem, før de blev ubrugelige som slædehunde. Vi fandt hurtigt ud af, hvorfor de lokale aldrig behandlede hunde som kæledyr. Men det var svært for os at lægge vores vaner på hylden.

Når vi talte om hundene, kom vi altid til at nævne Foxy, Fluffy, Chukka, Koomie, Sot, Nicky og hvalpene.

Hunden, Foxy, alderspræsidenten, var en mangeårig veteran hos Slædepatruljen[27]. Året før, da han var på tur til Eskimonæs[28], nægtede han til sidst at trække, så han blev skåret løs fra spandet for så at finde vej alene tilbage til Scoresbysund. På trods af sin alder og erfaring forblev Foxy en "tøsedreng". Når det blev hans tur til at blive spændt for, satte han altid halen mellem benene og prøvede at slippe væk. Når så han blev fanget, klynkede han. Vi havde på fornemmelsen, at han havde det dårligt, for sådan opførte en hund sig normalt ikke.

Nogle gange kunne vi ikke finde ham, fordi han havde gemt sig bag en af bygningerne. Når vi havde opgivet at finde ham, dukkede han altid op, men efter at hundespandet var taget afsted.

Fluffy og Chukka elskede af hade hinanden. Nogle gange kæmpede de mod hinanden, men andre gange rottede de sig sammen og gik rundt og spillede op til kamp med andre hunde. Deres karakterer adskilte sig dog racemæssigt. Fluffy var en stærk og stabil trækker, hvorimod Chukka normalt holdt sin line lige netop stram nok til at gøre indtryk af at trække. En gang gik Chukka endda så vidt som at lade sig falde tilbage fra spandet, hoppe op på slæden og lægge sig til at sove. Fluffy havde en tendens til at være fræk og arrogant med det resultat, at vi ofte slog ham over snuden. Engang kælede Mac med Fluffy og vendte derefter sin opmærksomhed mod Chukka. Fluffy luskede stille rundt bag Mac og rejste sig på bagbenene

---

[27] Slædepatruljen blev dannet under 2. Verdenskrig. I 1950 blev Slædepatruljen omdøbt til Slædepatruljen Resolut, for i 1953 at få sin nuværende betegnelse Slædepatruljen Sirius.
[28] Eskimonæs er et lille næs på den sydlige del af den østgrønlandske Clavering ø

som forberedelse til at tage hævn. Mac sparkede Fluffy så hårdt, at hunden trillede to omgange, før den landede i en snedrive.

Koomie, en af Thorkilds hunde, var Fluffys kæreste. Da Thorkild så stoppede med at arbejde for os, tog han Koomie med tilbage til Scoresbysund. Derefter begyndte vi at få problemer med at holde Fluffy i lejren. Ofte sprang han sit reb og stak af til landsbyen; men lige så ofte skete det, at Koomie kom over til os for at besøge Fluffy.

Koomie fik et kuld unger i oktober. Vi beholdt tre af dem - en brun, en sort og en grå. Filson gav dem hvert et navn: Sherlock, Gum Shoes og Three Dollar Bill. Sherlock og Gum Shoes boltrede sig sammen, men Three Dollar Bill var i begyndelsen bange for at komme ud i det fri, selv efter mad. Han kom aldrig rigtig over sin frygt for os, så når nogen forsøgte at fange ham, løb han altid langt væk fra stationen og gemte sig.

Da Thorkild tog tilbage til landsbyen, tog han hvalpene med sig. I maj fødte Koomie endnu et kuld hvalpe, som følge af et af hendes besøg hos Fluffy. Thorkild havde til hensigt at følge den lokale skik med at skille sig af med alle unger født i foråret, da de ikke ville være store nok til at arbejde i et

Slædehund med hvalpe

spand den følgende vinter. Men Doc og Filson fik ham overtalt, og han beholdt således to af dem til sig selv. De fik navnene Peanuts og Eve.

Queenie, en anden af slædepatruljehundene, havde også et kuld på dette tidspunkt. Underhill beholdt en hvalp til sig selv og kaldte den passende nok Lucky. Fra da af og indtil hjemsendelsesdagen nød vi at se hvalpene vokse op og boltre sig.

Vores yndlingshund var Soot, der var kongen af slædepatruljeholdet. Han var stærk, smuk og hårdtarbejdende. Hans kampevne og lederskab var den bedste i lejren, og måske også under de mange ture til landsbyen. En nat fandt vi ham dog liggende død nær stationen. Tilsyneladende havde han en gang for meget indladt sig i kamp mod et overvældende antal landsbyhunde.

Nicky var et eksempel på en god hund, som det gik galt for. Fra første dag, hvor vi kom i kontakt med ham, kunne vi ikke undgå at lægge mærke til hans fine træk og glitrende pels. Måske gav vi ham for meget opmærksomhed, for det viste sig hurtigt, at han tog for meget for givet. Så begyndte vi at behandle ham som en af de almindelige hunde, men han blev ulidelig jaloux. Det følgende forår, efter han havde bidt en af hvalpene alvorligt, var vores tålmodighed opbrugt. Det blev Doc og Root, der skød ham. Vi indså, at dette var en tragisk, men nødvendig afslutning på hans liv, idet vi var nødt til at overveje den generelle dårlige effekt, Nicky havde haft på de øvrige hunde.

Med det store antal hunde, der løb omkring, havde vi nogle gange svært ved at holde orden blandt dem. De var især besværlige om sommeren. Deres hylen og klynken i vores første måned på stedet, virkede uendelig og ofte foruroligende. En nat var Root og jeg klar til at tage ekstreme skridt mod en hylende hund, men den stoppede lige netop i tide!!

Den højeste gøen opstod normalt, når to hunde parrede sig. Det var fuldstændig kaos! De andre hunde lod simpelthen ikke det involverede par alene, og vi var ofte nødt til med magt at holde de andre jaloux hanner tilbage. Førerhunden skabte normalt de fleste problemer, fordi han ville have tæverne for sig selv, og han afviste på det kraftigste enhver anden hund, der nærmede sig dem. Vi fandt det derfor mange gange nødvendigt at tøjre førerhunden til en pæl.

Slagsmål blandt hundene var almindelige. Vi fandt det bedst at lade de to konkurrenter udkæmpe kampen. Hvis andre hunde forsøgte at blande sig, holdt vi dem væk. Når vi kom for sent til kamppladsen, havde hver eneste hund i lejren involveret sig i kampen. Igen, komplet kaos! På disse tidspunkter var vi tvunget til at løbe ind i midten af virvaret, og bryde kaosset op med solide spark i hundenes maver. Slædehunde, der slås indbyrdes, er bange for mennesker, og ingen af os blev bidt. En kamp fortsatte, indtil sejrherren fastholdt taberen til jorden og stillede sig over ham med blottede tænder. Derpå ville taberen uvægerligt klynke efter nåde, og først da ville sejrherren slippe ham, hvis vi da ikke trak dem fra hinanden. Taberen luskede af sted med krum ryg og halen mellem benene. Han fandt et sted, hvor han kunne slikke sine sår og sluge sin stolthed.

Førerhunden blev ofte tvunget til at forsvare sin titel, som mange gange bølgede frem og tilbage mellem de to stærkeste hunde. Til tider, når en hund blev for kampsyg, fandt vi det nødvendigt at fastgøre forpoten til halsbåndet for at begrænse hans kampevne. Det var usædvanligt, hvis der gik en hel uge, uden at nogen af hundene haltede på grund af dybe sår i benet eller havde et revet øje og en skrammet snude.

Et hundespand forlader lejren

Der var tidspunkter, hvor hundene hyggede sig med os. Jeg har allerede nævnt, hvordan de nogle gange ville tvinge os til at stå af slæden for at motivere dem til at trække tilbage til lejren. En gang, i et forsøg på at stikke af fra Thorkild, trak hundene sig selv og slæden ind under operationsbygningen. Og så var der episoden, hvor Steward og Simone tog nogle pølser med ned til søen for at hygge sig, efter at de var færdige med at stå på skøjter. Hundene fulgte færden ned til søen, og stjal og spiste alle pølserne.

Vi havde også vores muligheder for at få et godt grin på deres bekostning. Ved en lejlighed fik nogle af hundene, især Fluffy, lov til at spise nogle af de kirsebær, som Root brugte til at lave hjemmelavet vin af. I de næste par timer vaklede hundene med glasagtige øjne rundt over hele lejren. Fluffy fik sine forben på den ene side af en lang smal snedrive, mens hans bagben forblev på den anden side. Han kæmpede for at komme ud af sin knibe. Til sidst lagde han sig bare ned. De fleste af hundene kunne ikke sætte sig ned uden at miste balancen. Den følgende dag, som man kunne forvente, så alle hundene ud til at have slemme tømmermænd.

Ved at sammensætte alle disse komponenter af personlighed, temperament og karakter fik vi den gode oplevelse ved det arktiske liv: at have et hundehold.

På trods af de hårdhændede handlinger, hvorved vi formåede at afrette hundene, glemte vi aldrig slædehundenes primære rolle og arbejde. Vi trøstede os ved, at hundene altid kendte deres ansvar, når det virkelig gjaldt. Vi lærte gennem vores erfaring, at hunden, som i den civiliserede verden kaldes "menneskets bedste ven", i et andet miljø, fjernt fra vores kendte komfort, kan blive "menneskets vigtigste allierede".

Kapitel 4 – Landsbyen

Den oprindelige bebyggelse ved Scoresbysund blev etableret i 1925 af den danske regering for at styrke territoriale rettigheder til det nordøstlige Grønland. Forud for dette forlig havde Norge også gjort krav på området til jagtprivilegier. Scoresbysund, og en anden koloni, Angmagssalik[29], 800 kilometer mod syd, var de eneste to steder på hele Grønlands østkyst med terræn, der tillod nok bebyggelse til at muliggøre et samfund. Resten af kystlinjen fra Scoresbysund sydpå til Kap Farvel, en afstand, svarende til afstanden fra Philadelphia til Miami, var generelt ugæstfri, med stejle bjerge, helt ud til havet.

Scoresbysund set fra fjorden, april 1946

De fleste indbyggere og bygder i Grønland ligger på vestkysten, hvor meget af terrænet falder mere skånsomt ned mod vandet, og vejret forholdsvist mildere. Grønland blev først beboet for tusinder af år siden af eskimoer, der migrerede fra vest. For omkring 10.000 til 20.000 år siden krydsede mennesker fra det østlige Sibirien Beringhavet til det, der nu er Alaska.

---

[29] Angmagssalik skiftede senere navn til Tasilaq.

Nogle af disse mennesker rejste derefter sydpå og blev forfædre til de amerikanske indianere. Andre rejste mod øst og blev, hvad vi nu kalder eskimoer. På grund af krydsning gennem årene med hvide, lever der imidlertid nu meget få fuldblods eskimoer i Grønland. De fleste af de nuværende indbyggere er enten grønlændere (blandet blod) eller danskere[30].

Grønlændere er generelt lave i statur, normalt omkring 165 centimeter høje, runde ansigter, fyldige hofter og tunge ben. Deres teint er gylden mørkhudet. De fleste af mændene har ringe eller ingen skægvækst. Deres ansigtstræk ligner de amerikanske indianeres.

Scoresbysund ligger en lille kilometer sydøst for vores vejrstation. Stien til landsbyen lå langs siden af et lavt fjeld, der brat rejste sig fra bugten, så der var ingen strand.

Som en ekstra oplysning, så lå der, i en beskyttet vig nær landsbyen Scoresbysund, et nødlager med flybrændstof. Dette lager blev oprindeligt placeret der i tilfælde af en nødlanding på det tidspunkt, hvor Charles Lindberg undersøgte en nordatlantisk luftrute i begyndelsen af 1930'erne. Han landede aldrig ved Scoresbysund, men nogle af de lokale havde set ham, da han landede ved Angmagssalik.

Om sommeren, hvor jorden var fri for sne og is, og fjorden ikke længere var frosset til, måtte vi bruge denne stenede sti. Den var kun genkendelig for det veltrænede øjne, der kunne se, hvor gangtrafikken havde slidt mos af klipperne. Da visse dele af fjeldet var meget stejlt, var vi nødt til at koncentrere os om hvert eneste skridt, for ikke at "misse" ruten. Ydermere kunne et fejltrin nemt resultere i alvorlige skader, hvis vi faldt og gled ned på de takkede klipper hundrede meter eller mere under os.

---

[30] Det kan forekomme lidt uklart, hvad forfatteren her mener, men det, han skriver er, at de **fleste** indbyggere i Grønland er blandede mellem danskere og grønlændere. Det er næppe korrekt.

Cauthen og Dutton på stien, der fører til landsbyen, juni 1946

I den tidlige vinter, før bugten frøs til, var stien endnu farligere, fordi sne og is på klipperne gjorde fodfæstet ekstremt usikkert. I denne periode holdt vi vores besøg i landsbyen på et minimum.

Når vandet i bugten frøs, kunne vi bruge hundeslæden, gå på snesko eller stå på ski direkte over til landsbyen. Vinterture indeholdt også sine farer, selvom de var lettere. Risikoen for at isen brød op var altid til stede. Root havde netop sådan en oplevelse under en novemberstorm, som gjorde os alle på vagt over for faren.

Underhill og jeg kom på en natvandring ud på nydannet is, der begyndte at synke under vores vægt. Der, i måneskinnet, bemærkede vi, at vi var på "sort is" – tynd is!! Vi løb, eller rettere gled på fødderne over den svage is for at komme til tykkere og mere sikker is, og begav os straks mod fjeldstien, selv om den var belagt med farlig is. For at komme til landsbyen forsøgte vi at finde stien, men uden held. Resten af vejen blev vi tvunget til at vandre over de ukendte ru og glatte klipper, indtil vi til sidst kom til landsbyen. Da vi skulle hjem, tilbød kolonibestyreren os elskværdigt at en fra landsbyen kunne gøre os den tjeneste at føre os hjem til stationen. Vi accepterede velvilligt dette tilbud!

I den tidlige vinter tog det isen umiddelbart tæt ved kysten, lidt længere tid om at fryse tilstrækkeligt til at bære os. Så i denne periode var vi tvunget til at springe forsigtigt fra den ene isflage til den anden for at komme de cirka 15 meter over den voldgravslignende barriere mellem landjorden og den faste is. Vi nød det sådan set, men "Gazelle" Filson, med sine godt og vel 90 kilo, skulle af indlysende grunde anstrenge sig særlig meget.

Selvom vores forhold til de lokale altid var godt, var det kun nogle få af vores mænd, der aflagde jævnlige besøg i landsbyen. Nogle af dem gik ganske vist derover i håb om, at kolonibestyreren ville åbne sit spirituslager for et par "SKÅL!" Vi andre var tilfredse med et normalt besøg ved særlige lejligheder.

Vores besøg i landsbyen var begrænset til kolonibestyreren, Henrik Høeghs hus, pastor Abelsen og telegrafbestyreren, Albrecht Cortzen[31].

Disse "embedsmænds" huse var solidt konstruerede med flere rum, og var indrettet med, hvad vi betragtede som almindelige møbler og indretning. Vi var alle overraskede over at finde ting som trægulve, blondegardiner, komfortable møbler, fint sølvtøj og delikate fade så langt over polarcirklen. Vi var især interesserede i de tykt sammenflettede isbjørnetæpper, og vi var særlig opmærksomme på ikke at træde på dem. De lokale viste imidlertid ikke interesse for disse skind, og brugte dem med ligegyldighed, som når vi træder på en dørmåtte.

Derimod havde de andre landsbyboere kun små et-rums hytter, der var foret udvendigt med græstørv for beskyttelse mod vinden og som isolering mod kulden. De havde kun simple møbler. Vi fik dog aldrig lov til at komme ind i deres hytter.

---

[31] De tre førnævnte personer er i bogen tituleret henholdsvis: kolonibestyrer, Henrik Høegh, pastor. Abilsen og radiooperatør Albrecht Cortzen. Ved at granske forskellige historiske skrifter har oversætteren tilladt sig at konkludere, at der må være tale om de tre nævnte personer, da det er de eneste tre betydningsfulde personer med lignende navne, der optræder i Scoresbysund på samme tid i det omhandlede år.

Kolonibestyreren, Henrik Høegh, var grønlænder og omkring 60 år gammel. Han agerede med en holdning og måde, der passede til hans autokratiske kontrol over landsbyboerne, som i virkeligheden ikke havde

Scoresbysund set fra vest, juli 1946

nogen rettigheder. Hans rolle var at være den "velvillige hersker" i denne isolerede bosættelse. De lokales hovedformål med at leve, var at fange vildt, så deres familier kunne få føden og overleve. Der var ingen industri eller kommerciel virksomhed i landsbyen, undtagen pelse (ræv, bjørn og sæl). Det var et rent og skært overlevelsessamfund.

Pastoren var også landsbyens skolelærer. Hr Abelsen var, som vi kunne forvente, mild af sind. Han og hans kone var sidst i 60'erne, men hun døde, til vores sorg, i løbet af året.

Radiotelegrafist Cortzen og hans kone, var et smukt par i 30'erne. Cortzen opretholdt forbindelsen med Grønlands hovedstad, Godthaab på sydvestkysten. Han brugte, ligesom os, morsekode - prikker og streger.

Vi fandt hurtigt ud af, at vi var nødt til at vise kolonibestyreren vores største respekt og forstå hans rolle, for hans ord var lov.

"Gør som jeg siger".

Han kunne påvirke vores kontakter med landsbyboerne og gjorde det. Fysisk lignede kolonibestyreren ikke en grønlænder, så han må have haft europæiske aner. Statelig af bygning og med hvidt fuldskæg, lignede han julemanden på en prik. Vi syntes, at hans udseende var meget passende i betragtning af, at vi var så tæt på Nordpolen.

Der var hverken lægefaciliteter eller sygeplejeuddannede folk i landsbyen. Hvis nogen af de lokale blev syge eller kom til skade, måtte de klare sig selv, indtil et forsyningsskib forhåbentlig kom ind i løbet af sommeren. I krigsårene havde der dog ikke været nogen forsyningsskibe, indtil ankomsten af det hold, vi afløste i 1944. Tuberkulose var en væsentlig dødsårsag blandt de lokale, primært på grund af det påtvungne indendørs ophold i de lange vintermåneder og fugt i de tørvebeklædte hytter.

I landsbyen var der ingen elektricitet. Belysning foregik ved olielamper[32] og stearinlys.

Kelso, bygdebestyrer Høegh og landsbyboere

---

[32] Der har nok været tale om tranlamper. Tran er fedtstof, udvundet af hvaler eller andre havdyr.

Desuden var der ingen vandinstallation eller sanitære faciliteter, som der i øvrigt heller ikke var på vores vejrstation. På vores vejrstation havde vi dog et skur til opbevaring af vores skrald, hvilket de lokale altid fandt interessant.

Hver gang nogen af os besøgte landsbyen, var det som om de lokales sjette sans fornemmede vores komme, og det allerede indenfor den sidste kilometer. Måske deres jægerinstinkt. Kolonibestyreren sendte derfor altid en af sine tjenere ud for at eskortere os det sidste stykke vej til hans hus, så han kunne hilse på os, og også kontrollere os.

Når vi ankom til landsbyen, blev vi også altid mødt af et væld af børn og unge. Derfor plejede vi at medbringe noget slik og tyggegummi. Denne fremgangsmåde havde dog sine begrænsninger. Hvis vi delte noget slik ud til de første, vi mødte, så voksede mængden af børn hurtigt Vi var snart ude af stand til at skelne mellem dem, der allerede havde fået slik og dem, der ikke havde fået. Så vi lærte at medbringe enten små mængder og distribuere dem til de først ankomne, eller slet ikke at medbringe noget.

Landsbyfester var stort set den eneste form for lokal underholdning. En fødselsdag, et bryllup eller en helligdag var alle lejligheder til sådanne festligheder, og de lokale så utålmodigt frem til dem. Især i de mørke måneder, hvor udendørsaktiviteter kun var muligt i mindre omfang.

Få af disse festligheder i Scoresbysund varede i mindre end otte timer, så vi var tvunget til at "tage det stille og roligt", hvis vi ville holde ud til festen var slut. Dans og druk fortsatte uden afbrydelser. Normalt fik vi "grønlandsk øl" - hjemmebrygget, som havde en tyk syrlig smag, men ved særlige lejligheder åbnede bygdebestyreren sit spirituslager for os. De lokale fik dog aldrig lov til at drikke stærk spiritus.

Landsbyboerne dansede en polka i en tæt cirkel, der bevægede sig mod uret. To skridt frem og et eller to hurtige spin, så et skridt tilbage. Alle sammen samtidigt. Musik var fra plader, spillet på en gammel batteridrevet fonograf. Det var den slags dans, som vores militærgummistøvler ikke var beregnet til, og vi fik hurtigt ondt i fødderne af de konstante vrid, spring og drejninger. De lokale havde dog ingen problemer i deres glatte sælskindskamikker.

De huse, vi normalt besøgte, kolonibestyrerens og pastorens, havde små rum på ikke mere end ti kvadratmeter. Designet til at holde på varmen i det kolde klima. Derfor blev kredsen af dansere og tilskuere i stuen meget presset. Hvis en kiksede timingen, faldt hele kredsen af dansere uundgåeligt sammen. Vi kunne sædvanligvis kun udholde nogle få danse efter hinanden. De mange mennesker, og den store aktivitet i de små rum, gjorde luften meget indelukket og trykkende.

Grønlændernes dansepraksis var dog en barneleg i forhold til kolonibestyrerens ritual for at drikke. Kolonibestyreren rejste sig op, hævede sit glas og beordrede "SKÅL." Straks efter vi havde tømt vores glas, blev de fyldt op igen. Denne procedure fortsatte flere gange, varierende fra vine til Johnny Walker whisky, cognac og cubansk rom. Da kun ”jernmaver” kunne tåle denne straf, blev næsten alle, der fortsatte med at skåle, fulde, og det længe før festen sluttede.

En af årets vigtigste festligheder var festen i september, hvor Danmarks Kong Christian X[33] af Danmarks fødselsdag blev fejret.

Vi blev inviteret til at deltage i festlighederne, og vi ankom til landsbyen tids nok til at være vidne til den tolv kanonskud store salut affyret af en miniaturekanon. Denne kanon, cirka 30 cm lang, stod ved siden af flagstangen lige uden for kolonibestyrerens hus. Den blev kun affyret ved særlige lejligheder, som for eksempel når et skib sejlede ind i fjorden eller på nationale helligdage. Efter hilsenen til kongen besøgte vi kolonibestyreren, pastoren og det tidligere slædepatruljehovedkvarter for at skåle. Hver af disse bygninger var passende pyntet med et dansk flag og et portræt af kong Christian, for hvis helbred vi skålede.

Derefter tog vi til kolonibestyrerens hus til dans og skålen resten af natten og til langt ud på den følgende morgen.

---

[33] Forfatteren har ganske vist skrevet Kong Christian XII, men det må af indlysende grunde være Kong Christian X

Affyring af ceremoniel kanon på Kong Christian Xs fødselsdag,
september 1945. Bemærk den lille kanon foran flagstangen

Den ugelange festivitas, der dækkede både jul og nytår, var endnu en
mulighed for sammenkomster i landsbyen. Julen blev fejret af de lokale fra
middag den 24. til middag den 25. december, og vi var inviteret med til
fejringen. Efter vi havde deltaget i gudstjenesterne, blev vi inviteret ind i
skolen, ved siden af kirken, for at se de yngste børn danne deres
traditionelle ring omkring juletræet. Dette var selvfølgelig et konstrueret
juletræ, da der ikke var rigtige træer til rådighed.

Landsbykirken var den største bygning i bebyggelsen. Dens fint udskårne
mørke træmøbler gav den en snært af ydmyg styrke og skønhed i et land,
der ellers var blottet for arkitektonisk skønhed. Hængende fra loftet var en
model af et tremastet sejlskib. En udsmykning, der på grund af
søfartstraditionerne er karakteristisk for alle danske lutherske kirker.
Bløde sange til salmemusik fra det trykluftdrevne orgel startede
gudstjenesten i stearinlysenes skær, da kolonibestyreren og hans familie
ankom. De af os, der deltog fra vejrstationen, fulgte gudstjenesten med
passende høflighed, men jeg tvivler på, om nogen af os havde tankerne i

kirken. Det var juleaften derhjemme, hvor vi ikke var til stede med vores egne familier.

Til sidst gik vi til kolonibestyrerens hus, hvor den sædvanlige fest snart gik i gang. I løbet af aftenen stod små grupper af børn uden for vinduerne og sang grønlandske julesange. Vi satte pris på den ånd, de skabte i forsøget på at hjælpe os med at fejre vores jul i julemandens hjemland.

De fester, vi som gengæld holdt i Hvalrosbugten, var lidt anderledes. Der blev danset som sædvanligt i messen, men der blev normalt ikke skålet, dog undtagen i cola og øl, så længe vores beholdning varede. De vigtigste attraktioner for de lokale var filmene og amerikansk mad. De kunne ikke forstå noget af snakken på filmene, men de var fascinerede af de levende billeder.

Vores livsstilsvaner var i starten nye for de lokale. Under vores første filmforevisning, forsøgte en af de lokale at slukke lyset ved at puste en af de elektriske pærer ud. På samme måde, som han ville gøre ved en gaslampe. Han var forundret, da dette ikke kunne lade sig gøre, men så os gøre det ved at trykke på en vægkontakt.

Vores Thanksgiving Day-fest var en, der huskes. Root forberedte en særlig middag for kolonibestyreren og hans "officielle familie[34]". Middagen startende klokken seks og senere på aftenen, da der kom flere lokale til, dansede vi og skålede i snaps. Kolonibestyreren havde velvilligt medbragt et par flasker.

Vi viste derefter film indtil kl. 5.30 næste morgen. Dutton, der kørte fremviseren, måtte vente under nogle filmrulleskift, da mange af de lokale skyndte sig ud i køkkenet for at smage mere kalkun. Da aftenens tredje film blev vist, behøvede han ikke at vente, for al kalkunen var spist og det sammen med det meste af den konserves, der havde stået på hylderne i køkkenet.

---

[34] Jeg ved ikke, om man deri skal slutte, at kolonibestyreren også havde en "uofficiel familie"!!!

Thanksgiving fest i Hvalrosbugten. Stående fra venstre: Steward, Simon, Root, McLane, Kelso.
Siddende fra venstre: bygdebestyrerens kone (halvt skjult), pastor Abilsen og frue, bygdebestyrerens søn, Aparte med frue og barn, bygdebestyrerens tjener, bygdebestyrer Høegh

Endnu en mindeværdig episode opstod, da kolonibestyreren foreslog at bringe et par lokale over til Hvalrosbugten for at arrangere den grønlandske trommedans for os. Vi havde alle hørt om denne traditionelle lokale dans og var ivrige efter at se den.

Aftenen før trommedansen spurgte Root kolonibestyreren om det præcise antal personer, der formodedes at komme. Kolonibestyreren svarede uforskammet, at der ville komme omkring 50, men vi var fuldstændig uforberedte på de 85 gæster, der til sidst formåede at presse sig ind i messen.

Da alle de lokale samledes i messen, var vi bekymrede for, om gulvet kunne holde. De spiste aftensmad på skift af tolv, svarende til antallet af pladser på bænkene ved køkkenbordet. Nogle af os besluttede at blive i operationsbygningen, da vi var bekymrede for at tilføje vores vægt på krydsfinergulvet. Til vores lettelse holdt gulvet.

Vi vendte tilfældigvis tilbage til messen og klemte os ind sammen med mængden, netop som tiden var inde til trommedansen. Dansen er et soloritual udført af en mand, der banker på en stor flad tromme, mens han synger og vrider sin krop. Vores første indtryk var, at det var komisk, og vi var nødt til at holde vores grin tilbage, fordi vi ikke forstod den nøjagtige betydning og karakter af ritualet, men vi ville jo ikke være uhøflige. Men da så alle de lokale begyndte at grine på forskellige tidspunkter, ræsonnerede vi, at vi ikke var alene om vores fortolkninger, og vi sluttede os til den generelle latter.

I foråret blev der holdt en fest for alle børnene i landsbyen. Denne fest var meget anderledes end alle de andre fester. De fleste af de små børn var normalt blevet efterladt derhjemme under festerne i Hvalrosbugten, på grund af de mange farer ved at færdes på fjorden om vinteren. Så vi tilbød at give børnene en særlig fest med film og spisning, når vejret blev bedre. Som souvenir-minde åbnede Lunceford en kasse med vejrballoner og gav en til hver gæst. Snart løb alle børnene rundt og viste deres nye legetøj frem.

Den aften viste vi i alt fem komplette film. Mod slutningen blev de fleste af børnene rastløse - på trods af, at vi kun viste film med masser af action scener. Da den sidste film var slut, og lyset blev tændt, sov flere af børnene.

Efter første eller anden dansefest i landsbyen, blev man anset for at have "låst sig fast" på en bestemt pige, hvis man dansede mere med hende end med de andre. Men selvom de blev anset for at være "vores piger", betød det ikke rigtig noget, for vores forhold var, efter officielle ordrer fra bygdebestyreren, strengt platoniske. Dette set-up hjalp os i lejren med at bevare forestillingen om en normal samtale med kvindelige bekendtskaber.

En af pigerne kunne vælge en af os, hvilket var sket for Dutton. Ralph oplevede at blive tilbedt af "søde" Brønlund, der var mor til tolv børn, inklusive de tre fangere fra min Gurreholm-tur senere i august. Hun havde en behagelig personlighed.

Det lykkedes Root at slå en klo i landsbyens "Smukke" Theresa, som havde været i Danmark i de seks krigsår og havde bragt sine europæiske vaner og påklædning med sig til Grønland. Hun så anderledes ud, især med sin krøllede frisure.

Landsbypiger foran kirken, juni 1946

Underhill slog sig sammen med Theresas søster, Justine. Mac fulgte efter med Simones søster, Atingisa[35] Simonsen. Steward gik sammen med Sofia Cortzen, telegrafistens søster. Lunceford, 182 centimeter høj, formåede på en eller anden måde at vælge Anea, som ikke var over 150 centimeter høj, selv når hun stod på tæer.

Det var mit held at jeg blev smedet sammen med en sød ung teenager, Esta Brønlund, en fra Sødes dusin. Snart fik vi øgenavnet "Esta-Westa".

---

[35] Jeg har aldrig stødt på nogen af det navn, og har heller ikke kunnet finde frem til nogen. Der kan muligvis være tale om et stavefejl, eller erindringsforskydning

Mon ikke det er West og Esta-Westa?

Landsbybutikken, der blev drevet af kolonibestyreren, gav de lokale mulighed for at købe deres tøj og livs- og jagtfornødenheder. Nogle af vores mænd gik af og til på indkøb én eftermiddag om ugen, hvor butikken var åben. Ligesom stormagasinerne derhjemme blev næsten alt tænkeligt solgt, men i modsætning til butikkerne i USA, stod få af artiklerne fremme på hylderne. Hvis en vare blev efterspurgt, måtte lagermanden ofte ud på lageret og rode i mange kasser, indtil han fandt den efterspurgte vare. Kolonibestyreren hilste vores købekraft velkommen, for den øgede butikkens omsætning, og han fristede os ofte ved at udstille visse varer. Det lykkedes ham aldrig at lokke nogen af os til at købe nogle af de 1.500 stykker silkeundertøj til kvinder, som han af en eller anden grund havde på lager.

De lokale i Scoresbysund klædte sig enkelt og passende til det normalt kolde vejr. I butikken kunne de købe færdigsyede bukser, trøjer og jakker, eller materiale til at lave anden beklædning af, såsom kjoler. Det var ikke et ualmindeligt syn at se halvdelen af landsbyens damer iført kjoler skåret af samme stof, som igen lignede det stof, som gardinerne i nogle af husene var syet af.

I det kolde vejr bar damerne uldne bukser under deres kjoler, når de færdedes med hundeslæde over isen til vores fester. Når de så først var indenfor, fjernede de dog de varme bukser.

Ved festlige lejligheder eller højtider og især til påske, tog de unge kvinder deres sælskindsdragter på. Disse fine beklædningsstykker, som udgjorde deres nationaldragt, var smukt lavet med dekorationer af indviklede fine mønstre af farvede, firkantede sælskindsstykker på under 1 millimeter i størrelse, påsyet sammen med perler og blonder. Denne farvestrålende nationaldragt var dekoreret fra kraven og helt ud til spidserne af deres kamikker, og alle pigerne bar den med stolthed.

Påske 1946.

Med tiden kom vi til at acceptere fordelene ved to beklædningsgenstande, der omfatter det typiske indfødte kostume - kamikker, som er støvler og anorakker, der anvendes som vindjakker. Kamikker går til lige under knæet i længden og er lavet i to dele. Den ydre hud fra sælskind og indre, fra hunde- eller sælpels. Det giver varmen. Nogle gange er den indre del under anklen også foret med moskusoksepels for at give ekstra varme. Der er ikke noget varmere eller mere praktisk fodtøj lavet til Arktis. Anorakker er lavet af tætvævet bomuldsmateriale og bæres over en varm sweater eller flere trøjer.

Thorkild med et barn, iført bukser af isbjørneskin

Af de lokale kvinder købte vi alle sammen specialfremstillede, fancy fest-kamikker, der var dekoreret med de indviklede og påsyede designs af farvet sælskind. Vi købte også andre genstande af deres oprindelige håndværk, blandt andet knivskæfter af hvalros stødtand og punge med mere.

Selvom kamikkerne var nemmere at tage på end vores høje snørestøvler, var de mindre behagelige for os på grund af manglende svangstøtte. Tilmed havde de fleste grønlændere også fødder mindre end vores, og vi havde problemer med at overbevise dem om, at vores kamikker skulle laves til større fødder. De kunne simpelthen ikke tro, at nogen havde fødder så store som vores.

Vi klarede os bedre med vores anorakker. Pigerne tilbød at lave dem med materiale, som vi leverede. Inden længe havde vi afleveret noget af vores sengetøj og farvestrålende nylonfaldskærme fra postnedkastningerne.

Det grønlandske sprog anses for at være meget svært at lære. Selvom de fleste af os var i stand til at mestre måske tredive eller fyrre nøgleord, var der slet ikke behov for at kende så mange ord, når man færdedes i lejren. Thorkild og Simone forstod nemlig engelsk ret godt efter et år sammen med det tidligere hold. Hvis nogen af os havde noget at sige til nogen i landsbyen, som ikke var let at oversætte, så ringede vi normalt til en af de to drenge eller Cortzen, radiotelegrafisten, der så fungerede som tolk.

Men en gang, da jeg var på besøg hos kolonibestyreren, forsøgte jeg at sige noget om solen, men jeg kendte ikke det grønlandske ord for "sol", og jeg kunne ikke beskrive det tydeligt nok med tegnsprog. Kolonibestyreren tilkaldte sin kone og datter, men heller ikke de forstod. Så de begyndte at gå på jagt i huset efter en engelsk-dansk ordbog. Til sidst huskede jeg, at jeg havde blyant og papir i lommen, og så tegnede jeg et billede af solen og de sagde straks "SOL". Succes!

Da det igen blev hverdag, genoptog vi med vores begrænsede ordforråd, samtalen, der hovedsageligt bestod af ord svarende til: du, jeg, stor, lille, et par verber og adjektiver, forstår og jeg forstår, ja, nej og så videre.

I disse løbende kontakter blev vi konstant overrasket over mængden af tankeoverførsel og kommunikation, der kunne finde sted med vores begrænsede evner til at udtrykke sig over for hinanden.

For at belønne Esta for de hjemmelavede håndværksgaver til mig (pung, etui og skede), besluttede jeg at give hende en plastikmodelfly fra et sæt, hvor stykkerne er klikmonteret og limet sammen. Jeg var noget flov, for det kunne på ingen måde måle sig med de lokales kunstneriske arbejde. Så jeg spurgte Thorkild, om det ville være i orden, og han svarede, at det ville det. Ved en fest, da jeg gav modelflyet til Esta, blev det straks kilden til alle landsbybeboernes samtale og opmærksomhed. Hun var misundt af alle. Det blev jeg glad for, og jeg har ofte spekuleret på, hvad der mon skete med flyet.

Dette var altså grænserne for vores verden, sammen med de venlige lokale i Scoresbysund.

Kapitel 5 – Udflugter væk fra vejrstationen

De fleste af os tilbragte ikke hele året inden for lejrens "mure" i Hvalrosbugten. Hvis vi ville, kunne vi på et eller andet tidspunkt opleve strabadserne ved en fangsttur med de lokale fra Scoresbysund. Hovedformålet med hver af disse jagter var at skaffe mad til landsbybeboerne og måske skyde en isbjørn. Ingen af os så dog nogensinde en bjørn. Vi fandt imidlertid ud af, at den vellykkede jagt på vildt i de øde områder i Arktis, i høj grad var et spørgsmål om de lokales færdigheder, og at vide, hvor man skulle jage.

Min første mulighed for en tur kom kort efter, at forsyningsskibene havde forladt os i slutningen af august 1945. Vi tog til Gurreholm, en stor fangsthytte ved spidsen af Hull Inlet[36], cirka 120 kilometer oppe ad fjorden fra Hvalrosbugten. Den var året før blevet brugt som en midlertidig, eksperimentel vejrstation af to medlemmer af den oprindelige besætning. Da mændene var taget tilbage til Hvalrosbugten, havde de efterladt en del vejrudstyr i hytten, og vi fik tilladelse til at tage på ekspedition for at skaffe udstyret tilbage.

Mac skulle ledsage nogle lokale, fordi han havde et basalt kendskab til grønlandsk. En anden mand skulle med, udvalgt ved lodtrækning. Jeg var den heldige.

Da kolonibestyreren kom til lejren for at skitsere planerne for turen, blev vi først forledt til at tro, at turen skulle foretages af seks lokale på grund af det vigtige ærinde. De ville dog samtidig udføre den fangst, de kunne i løbet af turen. Mac og jeg fandt hurtigt ud af, at vi i virkeligheden var gæster på en almindelig fangsttur. Den påtænkte tre dages rejse kunne dog sagtens have varet i tre uger. I Arktis betød tiden intet for de indfødte. Fangst af vildt og havdyr til mad var alt sammen vigtigt og havde højeste prioritet.

De seks fangere foreslog os at tage afsted tidligere på dagen, end vi havde regnet med - omkring kl. 11:30 i stedet for senere på dagen. Idet Mac og jeg havde arbejdet sent for at få tilpasset noget udstyr, havde vi kun sovet et par timer.

Så vi var nødt til hurtigt at pakke ekstra sokker og tilgængelige forsyninger til rejsen. Under vores hastværk med at komme af sted uden for meget forsinkelse, undervurderede vi vores behov for rationer. En uheldig

---

[36] Et lille område med et "floddelta" mellem Jameson Land og Stauning Alper.

fejltagelse. Vi medbragte få dåser med baked beans[37], søde kartofler og tre chokoladebarer, men de varede kun to dage. Vi fandt hurtigt ud af, at de lokale havde regnet med, at vi medbragte nok mad til alle. De havde dog heldigvis også medbragt nogle af deres egne madforsyninger. Så på resten af turen, efter de første par måltider, da vores mad var sluppet op, ernærede vi os udelukkende af de lokales kaffe, hårde kiks, marmelade, margarine og noget kød fra sæler, som vi fangede.

Da fjorden stadig ikke var frosset til, sejlede vi med JONAH[38], en lille en-mastet båd med en 1-cylindret dieselmotor. Båden var kun omkring 7,50 meter lang, og der var ikke for meget ekstra plads, når man medbragte otte mand og forsyninger. Motorhuset midtskibs og opbevaringsrummet i stævnen, optog det meste af dækspladsen. En åben motorbåd blev bugseret med, så vi kunne komme til og fra land, men den var ikke egnet til personer, når vi var på farten.

Hvis jeg nogensinde tidligere havde haft nogen tvivl i mit sind angående mine tænders styrke, forsvandt den, da jeg begyndte at spise de hårde kiks. Mit første forsøg mislykkedes, da jeg forsøgte at bide et stykke af en kiks. Derfor ventede jeg, indtil en af de lokale havde taget sin kiks, så jeg kunne se, hvordan han gjorde. Det var i virkeligheden meget simpelt. Alt, hvad jeg skulle gøre, var at tage kiksen i hånden og smadre den mod mit knæ, indtil den var knust i små stykker, der kunne være i min mund. Selvfølgelig var det bedre at fornemme smagen af kiks (hvis den havde smag) ved at smøre noget af marmeladen og margarinen på. Før jeg tyggede min kiks, holdt jeg den i munden, indtil den var fugtig nok til at tygge uden at skade mine tænder. Dåsen med kiks var altid åben, så de blev naturligvis lidt gamle og fugtige og derfor lidt blødere. På et tidspunkt havde jeg fået nok af knæ-knuste kiks og besluttede at tage chancen og prøve at tage et regulært bid. Det lykkedes ikke, for kiksen gled ud af min mund og hånd, og jeg fik marmelade smurt ud over hele ansigtet. Derefter vendte jeg tilbage til knæ-knusning.

Selve sejlturen var trættende. De uophørlige stød af den "én-lungede", en-cylindrede dieselmotor rystede hele båden og gjorde normal samtale

---

37 Baked beans er tørrede bønner, som natten over er blødgjort i vand, og derefter simrer i lang tid med forskellige ingredienser, indtil det bliver en tyk suppe eller sovs.

38 Blandt sømænd bruges udtrykket "en Jonah" (en Jonas) til at beskrive en sømand eller passager, hvis tilstedeværelse om bord bringer uheld og bringer skibet i fare.

umulig. Den isnende kolde luft fra vandet, der var fyldt med isbjerge, trængte ind alle vegne, så vi skiftedes alle til at gå under dæk. "Under dæk" var et lille rum i stævnen. Der var det muligt for tre af os at klemme sig ind for at få varmen fra et lille gasblus. Gasblusset afgav imidlertid gasdampe, så det var nogle gange en lettelse at vende tilbage til det åbne dæk. Alt for hurtigt blev vi igen overmandet af kulden, og vi måtte igen ned for at få varmen.

Da tusmørket i sensommernatten faldt over os, gjorde de lokale os det forståeligt, at Mac og jeg skulle sove et par timer i det lille rum i stævnen, mens de skulle sove i lastrummet og på dækket. En af dem blev selvfølgelig ved roret for at manøvrere båden. Bænkene, som vi sov på i det lille lukaf, var kun omkring halvanden meter lange og omkring 45 centimeter brede. Desuden buede de skarpt med skroget, så Mac og jeg måtte sove i en akavet stilling og med bøjede knæ for at passe ind i den begrænsede plads. På trods af den manglende komfort, og på trods af den konstante dunkende motorlyd og vibrationer, havde mangel på hvile indhentet os, og vi faldt hurtigt i søvn.

Efter blot et par timers søvn, omkring klokken syv næste morgen, vågnede vi pludseligt. Motoren var stoppet, og den pludselige stilhed overraskede os. Så hørte vi ankeret gå, og vi vidste, at vi var ankommet til Gurreholm.

Mac steg ud af sin sovepose før mig for at kigge udenfor, og jeg var nødt til at tillade ham at tage sine bukser og støvler på først. Rummet var nemlig for lille til, at mere end én af os kunne bevæge sig ad gangen. Jeg grinede af Macs vanskeligheder, men snart var det hans tur til at grine af mig, for da jeg kæmpede og bandede over den trange plads, stødte jeg mine arme og mit hoved.

Gurreholm var en stor bygning med seks soveværelser, køkken, spisestue og depotrum. Den blev brugt af grønlændere fra Scoresbysund, når de var på fangst i nærheden. I årenes løb havde nogle få ekspeditioner brugt faciliteterne som base, og slædepatruljen fastholdt stedet som endestation for den ene ende af dens patruljeområde. Gurreholm er beliggende på et let skrånende tundraterræn, svarende til hele længden af den vestlige udkant af Jameson Land, som vi lige havde passeret på rejsen. Jorden omkring huset var overstrøet med skeletter og løs pels af moskusokser, sammen med tørret ekskrementer fra mennesker og hunde. Disse omgivelser, der ikke er særlig velordnede efter amerikansk målestok, er almindelige i Grønland.

Gurreholm fangsthytte, august 1945. Bemærk JONAH og den lille, åbne motorbåd på slæb

Vi boede kun én dag på Gurreholm. Det første, vi gjorde efter at have spist morgenmad, var at trække os tilbage til vores respektive soverum og vi sov helt til aften. Hvor føltes soveposerne dog godt på rigtige senge! Senere på aftenen, mens Aparte Høegh, kolonibestyrerens søn, og Jørgen Simonsen gik ud til båden for at lave lidt justeringer på motoren, havde vi andre en meget uformel snak på grønlandsk. Det meste af sproget var naturligvis ud over min fatteevne, og jeg mistede til sidst interessen. Jeg kunne dog opfange flere nye grønlandske ord og kropsudtryk. Samtalen gik nogenlunde sådan her: Mac, der havde været i Skjoldungen og kendte nogle få af beboerne fra den nærliggende landsby, spurgte Hans Simonsen, om han kendte "den og den". Hvis han kendte "den og den", var de begge enige om, at "den og den" var en god mand, og så videre. Da Mac så løb tør for folk, som han havde kendt, introducerede vi i stedet forskellig underholdning for at give resten af aftenen lidt liv.

Jeg fandt ud af, at de lokale ikke var så usofistikerede, som jeg oprindeligt havde troet. Jeg havde glemt, at de allerede havde draget fordel af kontakten med besætningen fra året før, samt løbende kontakt med danskerne før krigen.

Vi havde ikke været undervejs ret længe, før der blev set en sæl. Selvom Mac og jeg begge havde vores karabiner med, undlod vi at skyde. Vi ønskede ikke at forstyrre de lokales tilgang. Det er ikke let at skyde og ramme, fra en gyngende lille båd, når målet er så lille som en sæl i bevægelse i vandet.

Kun én lokal lykkedes med at ramme i første skud.

Den sårede sæl dykkede for at komme væk. Vores båd cirklede rundt om stedet, og vi søgte alle intenst i området for at se, når den dukkede op igen. Sælen kom op for at trække luft og blev beskudt af os alle, inden den dykkede igen. Hans Simonsen ventede med sin harpun i sin kajak, da den igen dukkede op. Drabet var hurtigt og sikkert.

Sælen blev hevet ombord på JONAH og undersøgt efter harpunspidsen, og vi så gennemtrængningskraften af en velrettet harpun. Når fangeren holdt et harpuntræskaft, inden han kastede det, greb han fat i et fladt, hårdt passende bræt, der var klemt fast på to pløkke af hvalrostand. Når han kastede, fungerede dette bræt som en vægtstang, og skaftet med spydspidsen blev drevet frem med stor kraft. Efter kastet, skiltes spydspidsen fra skaftet. Fastgjort til spydspidsen var en lang sælsnor og en fangeblære[39]. Flyderen gjorde det muligt for fangeren lettere at få øje på sælen og følge den, når den dukkede op for at få luft. Efter kastet hentede jægeren sit skaft, der flød på vandet.

Et jævnt kast er nødvendigt for at undgå at kæntre den nøjagtig afbalancerede kajak. Derfor lærer alle grønlændere at kaste harpunen ved kun at svirpe underarmen og håndleddet fra albuen. De gør dette med dødbringende kraft og nøjagtighed.

---

[39] Fangeblære: et sælskind, omdannet til en form for pose, der er fyldt med luft, og fastgjort til enden af fangeremmen. Derved kan fangeren altid finde sit harpunerede bytte, når det kommer op til overfladen, for at trække luft.

Harpunkast med fangeblære fastgjort til linen.
Bemærk harpuntræskaftet.

Efter endnu en times sejlads ankrede vi op ud for to små hytter i en klippefyldt vig midt mellem stejle bjerge. Mac og jeg regnede med, at vi blot skulle have en sælmiddag, men da vi læssede hvert eneste stykke madlavnings-, sove- og fangstudstyr af, begyndte vi at få fornemmelsen af, at et langt ophold ventede forude.

Mens de ventede på, at sælkødet blev tilberedt, tog fangerne deres rifler frem og startede en konkurrence. Grønlænderne lever af fangst, og god fangst afhænger af god skydeevne. I ledige øjeblikke øver de sig. Enhver lokal ung mand, forsøger først og fremmest at blive fanger. Det er til hans fordel at gøre det godt, så hans prestige i samfundet ikke skal lide nederlag. De lokales rifler var forældede, nogle blev holdt sammen med ståltråd. Men de var nøjagtige. Kaliber toogtyve rifler blev mest brugt til øvelse og til småvildt, mens haglgeværer og kaliber tredive rifler blev brugt til større vildt. Mac og jeg talte om, hvor meget større vildtudbyttet ville være, hvis jægerne havde semi-automatiske rifler i stedet for deres et-skuds modeller. Ganske vist ville meget af legen og sporten forsvinde, da de så ikke skulle bruge tid på genladning og affyring.

Efter at vi havde spist vores sæl, som vi fandt meget mør og lækker, forberedte tre fangere, Hans og Jonas Brønlund, samt Hans Simonsen, deres kajakker til sælfangst. De iklædte sig deres hvide anorakker for at camouflere sig i forhold til isbjergene i fjorden. En anorak af tætvævet materiale, som det, der bruges i bomuldslagner er primært en vindjakke med parka-hætte. For at fuldende camouflagen blev der rejst et lille hvidt sejl ved kajakkens stævn for at skjule fangstudstyret, placeret inden for rækkevidde af fangeren. En riffel i sit vandtætte lærredshylster lå lige foran cockpittet, og harpunen hvilede ved siden af. Et lille stativ foran fangeren holdt snoren, der førte fra harpunspidsen til fangeblæren, som blev placeret bag fangeren. Lige før han steg ned i kajakken, klemte fangeren sig ned i en vandtæt sælskinds-"nederdel"[40], og derefter ned i sit cockpitsæde. Herefter foldede han "nederdelens" kant rundt om cockpittets kant. Fra da af var både jæger og kajak en vandtæt enhed, der beskyttede mod vand og skumsprøjt fra de frådende bølger.

Da de var taget afsted, klatrede Mac og jeg op på et højt forbjerg, cirka 15 meter over vandet, hvor vi hyggede os i solen, mens vi undersøgte stedet. Skyerne og tågen lettede endelig, og vi kunne da nyde landskabet. Vi var tilfældigvis i den nordlige ende af Hull Inlet, 120 kilometer fra Hvalrosbugten, og det placerede os 885 kilometer over polarcirklen. Mod øst, små 10 kilometer derfra, lå Gurreholm. Mod vest stod de takkede og toppede bjerge, der var mere bastante end dem ved Kap Brewster, der ligger lige over for vores vejrstation.

I fjorden flød der mange isbjerge i alle størrelser og former. Nogle få af dem var nyligt afbrækkede kæmper fra nærliggende gletsjere, der kom fra indlandsisen. Disse var rektangulære i form, hundredvis af meter lange og omkring 75 meter høje. De mellemstore på omkring hundrede meter lange og måske 30 meter høje, var mere uregelmæssige i formen, for de var først for nylig brudt løs fra de større isbjerge. Mindre isbjerge var der rigelige af. De var løsrevet fra de mellemstore isbjerge.

Indimellem hørte vi den tordnende skælven fra is, der knækkede, og sprøjten af vand, når ct kæmpe stykke is, måske på størrelse med en stor bygning, knækkede af. Nogle gange var vi så heldige at overvære forestillingen, mens det skete. Da isen, der brækkede af, reducerede volumen af isbjerget over vandoverfladen, blev resten af isen under vandoverfladen (ca. 9/10 af et isbjerg er under vandoverfladen) skubbet

---

[40] Nu om dage hedder det et sprayskirt

op, og hele isbjerget ændrede sit tyngdepunkt med en voldsom kæntring til følge. Så forstod vi bedre, hvorfor rorsmanden altid manøvrerede vores båd godt fri af isbjerge.

Dette var en ny oplevelse for mig. Jeg havde aldrig været så langt væk fra den travle civilisation, og så tæt på naturens jomfruelige skønhed. Jeg havde levet hele mit liv blandt millioner af mennesker i store byer. Nu var jeg her på dette sted, med kun syv ledsagere, med over 150 kilometer til de nærmeste mennesker, ved Scoresbysund. Og den bygd, med dens lille befolkning, var isoleret fra resten af verden, undtagen om sommeren, hvor et forsyningsskib dukkede op. Det var omtrent lige så stort et livsstilsskifte, som nogen sandsynligvis kan opleve. Jeg var virkelig taknemmelig for mit held til at få lov at være der.

Men der er andre træk ved et civiliseret liv, som ikke så let kan ændres. Frygten for at blive efterladt, mens verden uanfægtet fortsatte, hjemsøgte mig. Krigen var lige slut. Hvad var detaljerne i overgivelsen? Var Japan stadig besat? Hvad med vores hjemsendelse? Skulle vi mon forblive i Hvalrosbugten hele året? Eller kom der et skib for at hente os? Hvad ville folk derhjemme sige, hvis de vidste, hvor jeg var lige nu? Var der mon nedkastet post, siden vi forlod vejrstationen? Ventede der nyt hjemmefra? Når man først vænner sig til hurtige og pålidelige informationskilder, er det svært at udholde lange perioder uden nyheder.

Jeg slap ud af min drømmeverden og kiggede over på Mac. Han havde også været hensunket i tanker. Han begyndte at fortælle mig, hvordan han altid havde haft et ønske om at besøge Arktis, og hvordan hans tjeneste i hæren havde givet ham chancen for at realisere denne drøm. Jo mere han så af Grønlands utrolige skønhed, jo mere længtes han efter at se mere af den. Jeg vidste, hvordan han havde det, men jeg vidste også, at jeg ikke ønskede at tilbringe mit liv der. For mig skete der så meget ude i den verden, jeg havde forladt, og det ville jeg gerne være en del af.

Da de tre fangere var padlet ud af syne, besluttede Mac og jeg at lægge os i soveposerne på klippen og få lidt søvn. Aparte kom forbi og advarede os om, at måske ville nogle moskusokser strejfe tæt forbi og derved afbryde vores søvn. De ville dog ikke udgøre nogen stor fare for os. De er af natur nysgerrige, men bange. Vi lagde vores karabiner inden for rækkevidde for en sikkerheds skyld.

Flere gange vågnede jeg ved lyden af, hvad jeg troede var fodtrin – eller måske hovslag. Jeg kastede betænkelige blikke rundt ved skråningen. Til sidst diagnosticerede jeg dog lyden til at komme fra fjordens bølger, der 15 meter nede slog mod klippen. Mac indrømmede næste morgen, at han havde lidt lignende vrangforestillinger i løbet af natten, og ikke havde sovet særlig godt.

Regnen begyndte at falde tidligt om morgenen, hvor Hans Simonsen kom op for at invitere os ind i hytten. Vi var ikke specielt ivrige efter at komme ind i hytten, for den foregående eftermiddag havde vi undersøgt de to hytter på stedet, og fundet de fremherskende lugte meget ubehagelige. Alle verdens harske lugte tilsammen kunne ikke måle sig med den koncentrerede og stinkende fiskelugt. Vi måtte enten udholde denne lugt eller blive ude i regnen. Vi besluttede os for at udnytte komforten i kabinen, og vi vænnede os til stanken.

Hyttens indre bestod af et rum på kun 3 meter på hvert led og med en platform på omkring 1,50 meters bredde, der optog den ene side. Denne platform fungerede som møbel - seng, bord eller stol(e). Da vi trådte ind i hytten, sov de andre grønlændere på platformen. Vi stødte begge to hovederne mod dørkarmen, da vi gik ind fra vindfanget, og da vi rettede os op inde i selve rummet, slog vi igen hovedet mod det lave loft. Grønlænderne, som er lave af statur, finder det ikke nødvendigt at bygge rum med højt til loftet.

Det lille gasblus havde stået tændt hele natten, og temperaturen i det lille rum var ulidelig høj. På trods af varmen sov alle fangerne stadigvæk i deres soveposer, der var foret med moskusokse skind. Denne praksis bekræftede det, jeg havde læst om indbyggere i Arktis. De kan tilsyneladende tåle kolde temperaturer, når det er nødvendigt, men foretrækker varmen fra et bål, når det er muligt. Jeg ræsonnerede, at deres evne til at modstå det kolde klima, skyldes deres mentale indstilling. Fangerne kunne aldrig forstå, hvorfor Mac og jeg foretrak at sove udenfor i den friske luft og ikke i den varme hytte. Selvfølgelig kunne vi ikke få os selv til at forklare dem, at vores valg skyldtes den hørm, der var så skarp og karakteristisk for de lokales boliger.

Under vores ophold i denne fangsthytte begyndte vi virkelig at lære vores lokale ledsagere at kende. Sejlturen havde givet os lidt tid til at stifte bekendtskab med dem. Opholdet ved Gurreholm var mest gået med at sove. De seks grønlændere talte næsten konstant og det på trods af, at de havde tilbragt hele deres liv sammen og havde været på utallige fangstture sammen. De kunne stadig finde på noget at diskutere, som interesserede dem alle. Det meste af tiden sad Mac og jeg tavse og så passivt til. Da jeg praktisk talt intet kunne af sproget, var jeg afhængig af Macs simple oversættelser for at tilfredsstille min nysgerrighed, når der var blevet sagt noget humoristisk, og alle, undtagen mig, grinede. Jeg var selvfølgelig bekymret for, om de mon grinede af mig. Det vil jeg aldrig få at vide.

De grønlændere, som er en blanding af fuldblods-eskimoer og danskere, er, af nogle, kendt for at grine mere end nogen anden race af mennesker i verden. At dømme efter det, jeg observerede under vores kontakt med dem, erfarede jeg, at dette muligvis er sandt. Jeg har aldrig set dem miste besindelsen. Når noget gik galt, grinede de alle sammen. Af denne iagttagelse sluttede jeg, at det ville være til fordel for os på vejrstationen at anlægge os vaner som de lokale. Det var nok for meget at forvente af os. Vi havde ikke deres baggrund med at bo alene i et barskt klima og samtidig acceptere det, og synes om det.

I løbet af de næste tre dage, viste det sig, at Mac og jeg fik muligheden for at deltage i nogle narhvaljagter. En narhval, der er et stort medlem af hvalfamilien, er grå-hvid i farven og 3 til 4,5 meter lang. Hannerne har en stødtand af elfenben, der kan blive omkring 2 meter lang[41].

En fanger placerede sig højt oppe på den stenede skråning og spejdede opmærksomt ud over fjorden efter narhvalens afslørende blåst[42], når den brød vandoverfladen. Efter at have spejdet en, afgav han et skingrende råb for at signalere, at de andre fangere skulle padle deres kajakker ud til området, hvor narhvalen var set. Vi andre sad på skråningen og overværede seancen. En fanger så endelig narhvalen, da den dukkede op. Han padlede hurtigt derhen, indtil han var i en afstand af kun 3 meter fra den. Han holdt et åreblad i vandet for at balancere sin kajak og kastede sin harpun. Narhvalen dykkede, og forsvandt i vandet. Fangeren signalerede til sine ledsagere med et højt råb, og sammen spejdede de efter

---

[41] I 2004 blev der fanget en narhval ved Scoresbysund. Dens tand målte 2,8 meter, og blev i 2019 af auktionshuset Lauritz.com vurderet til at repræsentere en værdi af kr. 400.000

[42] Blåst er betegnelsen på dels det sprøjt af vand, der fremkommer, når en hval ånder ud efter at have været neddykket, dels den em, der dannes, når den varme luft kommer ud i kulden.

fangeblæren, der i sidste ende ville komme op til overfladen, når narhvalen igen skulle have luft.

Da vi hørte signalet, løb de af os, der var på land, ned og steg ombord i den åbne motorbåd, og så sejlede vi afsted i retning mod åstedet.

I den efterfølgende jagt brød narhvalen nogle gange vandoverfladen. Som oftest mere end en halv kilometer væk fra stedet, hvor den var dykket sidst. Kun fangernes skarpe og erfarne øjne kunne se den lille flyder. Ofte kunne Mac og jeg ikke få øje på fangeblæren, før vores båd var undervejs med direkte kurs mod den. Vi nærmede os stille og roligt den sårede narhval. Da vi var få meter fra den, tog vi fast sigte med vores karabiner eller harpuner og skød løs. Vi havde mistet tidsfornemmelsen, men efter måske en eller to timer, havde vi ramt narhvalen med så mange kugler og harpunspidser, at den svækkedes, og til sidst blødte ihjel. Fangerne bandt derefter kadaveret til siden af motorbåden og slæbte det tilbage til kysten.

Jagten på narhval var slut, men jobbet var kun halvt færdigt. Så snart alle var samlet på land igen, gik vi ind i den lille hytte for at varme os ved gasovnen. Fangerne gik derefter i gang med at partere kadaveret, så det kunne transporteres tilbage til bygden. Der ville nu være mad til deres familier i et par dage. Kun skelettet, hovedet og indvoldene blev smidt væk. Huden, kødet og den 1,80 meter lange stødtand (af hannerne)[43] blev gemt. Jeg morede mig over at se fangerne skære små stykker spæk af den stadig varme hud, og tygge det, mens de arbejdede. Senere, tilbage i hytten, blev vi tilbudt noget af spækket, som vi fandt meget ulækkert. Mac og jeg måtte tvinge os selv til at sluge det – for at være høflige. Vi fandt dog senere ud af, at spækket smagte meget godt, når det blev kogt. Ligesom sælkød, var det dog meget ildelugtende. Nogle gange måtte Mac og jeg gå udenfor for at få lidt frisk luft.

---

[43] I sjældne tilfælde kan hunnerne også have en stødtand, men den er mindre end hannernes.

McLane og seks lokale fangere ved den nedlagte narhval

De første to dage med narhvalfangst var spændende, for det var en ny og fascinerende oplevelse. På den tredje dag begyndte Mac og jeg virkelig at spekulere på, hvornår vi skulle starte på turen tilbage til Hvalrosbugten. Vi havde alle vores tildelte pligter på vejrstationen, som de andre dækkede for os. Hver gang vi spurgte, hvornår vi skulle afsted, svarede en af fangerne: "Måske i dag, måske i morgen", men snart ville en fra udkigsstedet komme løbende ned fra klippen, og forberedelserne til endnu en fangst ude i fjorden, blev påbegyndt. Så vidste vi, at det ikke ville blive "i dag", men det kunne stadig være "i morgen", hvis de ikke fik øje på endnu en narhval. Vi indså, at det at tælle dage ikke giver mening i grønlænderens hverdag, når de er ude at skaffe mad til deres familier.

På det, der viste sig at være den sidste fangstdag, jagede vi en stor narhval. Seks timer i den åbne båd gennem tågen. Det var koldt med fugtig vind og oppisket urolig vand. Det iskolde vand sprøjtede over stævnen, og fordi vi ramte den ene store bølge efter den anden, var vi hurtigt gennemblødte og kolde. En narhval udmanøvrerede for en gangs skyld fangerne. Denne hval var ramt af to harpuner, og hver gang fangeblærerne blev observeret, rykkede kajakkerne og vores motorbåd nærmere for bedre at kunne ramme, men narhvalen dykkede, før det var muligt at få præcist sigte. Mac og jeg fortrød, at vi havde ladet vores karabiner blive i hytten. På jagten den foregående dag, havde vi været i stand til at affyre flere skud med vores to våben, end alle de andre jægere tilsammen med deres enkeltskudsrifler. Og hvis vi nogensinde havde brug for hurtig affyring for at dræbe et beslutsomt og udspekuleret bytte, var det på denne jagt.

Fra lukafet forrest i båden fandt Hans Brønlund en spole langt reb. Han pegede på min jagtkniv i mit bælte og gjorde tegn til mig, at jeg skulle give ham den. Han forklarede med tegnsprog, at han ville binde rebet til flydelinen næste gang vi nærmede os flydeblæren, der var bundet til hvalen. Hvis vi ellers kunne komme tæt nok på narhvalen, næste gang den dukkede op, ville han have brug for kniven til at skære os fri, hvis narhvalen dykkede for dybt.

Nå, for at gøre en ellers lang historie kort, så fik vi aldrig chancen for at binde tovet til flydeblæren. Min nye kniv forblev ubrugt. Mac betroede mig senere, at han var glad for, at vi ikke var i stand til at binde os til flydeblæren. Det var jeg også.

Efter cirka fire timer søgte de to fangere i kajakkerne mod land. På det tidspunkt troede jeg, at de afbrød jagten, men jeg så snart det kloge i deres træk. Efter en time eller deromkring, hvor vi fortsat jagtede fra den åbne båd, så vi det buttede skrog af JONAH på vej ud mod os. Vi var opstemte, da vi i det mindste nu kunne komme ud af den lille motorbåd og over på JONAH. Væk fra kulden og fra det sprøjtende vand.

Vi steg over i båden og gik ned i det lille rum i stævnen og tændte for komfuret. Hans Brønlund, som Mac og jeg på dette tidspunkt havde givet øgenavnet "8-ball"[44] på grund af nogle af hans løjer, kunne dog ikke lade være med at åbne lugen og kigge ud for at fortsætte sin søgen efter narhvalen. Så fordrev den kolde luft varmen fra det lille komfur, og Mac og jeg kunne stadig ikke få varmen. Dagslyset blev endeligt for svagt til at jage hvalen, og grønlændernes ihærdighed måtte give efter for mørket. De vendte bådene tilbage til lejren. Tabet af narhvalen betød ikke det store for Mac og mig. Vi fangede den bare ikke, men for landsbyboerne tilbage i bygden betød det tab af mad i flere dage.

---

[44] 8-ball er amerikansk slang, og repræsenterer ideen om tilfældighed, fordi den kan referere til både held og uheld.

Vi kunne på ingen måde dele fangernes skuffelse, men vi kunne se det skrevet i deres ansigter. Men de grinede hurtigt af hele episoden og besluttede at gå i seng. Det havde været en lang dag - over ti timer på vandet, uden gevinst.

Vi var alle gennemblødte og kolde efter anstrengelserne, hvorfor vores venner insisterede på, at vi denne nat skulle sove indenfor med dem. Det regnede igen. Vi behøvede ikke meget overtalelse, men da vi forberedte vores soveposer, bemærkede vi, at alle de lokale lagde deres soveposer ud på gulvet. Denne gæstfrihed efterlod Mac og mig som de eneste brugere til at sove på den hævede platform.

Næste dag fortalte Aparte os, at vi skulle hjemad, idet de ikke kunne jage effektivt med kun en flydeblære. Mac behøvede ikke at oversætte den besked, for jeg kendte allerede de grønlandske ord, der betyder "vi skal afsted." Mac og jeg skyndte os og hjalp med lastningen af båden, før nogen så endnu en narhval, og ændrede planerne om at komme af sted. Vi overlod det smukke land og fjorden til sælerne og narhvalen. Vi var på vej tilbage til vores arbejde ved Hvalrosbugten. Vi skulle hjem til vores bøfmiddage.

Turen tilbage adskilte sig kun lidt fra turen op ad fjorden. Vi sejlede så langsomt, at landskabet også kun meget langsomt ændrede sig. Vi passerede nogle få fugle, der hvilede sig på vandet. Vi kredsede om dem længe nok til, at fangerne med deres haglgeværer, kunne skyde omkring et halvt dusin af dem. Kulden trængte stadig ind, og vi fortsatte med at skiftes til at få varmen fra gasblusset i det lille rum i stævnen. Det meste af vejen tilbage var vandet spejlblank. Men i løbet af de sidste fem timer blev det meget barskt. JONAH vippede og rullede, og vi havde svært ved at holde balancen. Miki Brønlund, der stod ved roret, bøjede bare sine knæ i takt med bølgerne, og vaklede aldrig på sin lille platform.

Ingen stop på tilbagevejen. Vi nåede endelig Kap Hope[45], hvor Hans Simonsen stod af og sluttede sig til sin familie, som boede der. Hans del af narhvalkødet blev smidt over bord og flød de få meter i land. Hvert stykke kød blev vist frem på stranden, hvor de lokale udbrød et: "A-A-Ahh" af bare påskønnelse. Macs og min mund begyndte at løbe i vand ved tanken om de bøffer, der ventede os.

---

[45] **Kap Hope, eller** Itterajivit også stavet Ittaajimmiit er en lille, nu forladt, **grønlandsk** bygd vest for Scoresbysund.

Efter endnu en times barsk sejltur ankrede vi op ud for Hvalrosbugten. Vi havde forventet en heltemodtagelse, men der var ikke et øje på stranden. Hvor var de alle sammen? Nogen måtte havde hørt bådens motor i stilheden. Jeg affyrede de tre sidste patroner, jeg havde tilbage i min karabin for at tiltrække opmærksomhed. Da vi gik i land fra motorbåden, kom Horton med lastbilen for at modtage Mac og mig. Han kørte os tilbage til vejrstationen.

Vi opdagede hurtigt årsagen til inaktiviteten omkring vejrstationen. En dansk forsyningsskonnert, GODTHAAB, havde ankret op ud for Scoresbysund et par dage tidligere, og besætningen om bord holdt afskedsfest for vores mænd. Det var det første besøg af et dansk forsyningsskib i området, siden krigen startede seks år tidligere. Snart gik, eller rettere vaklede vi alle, inklusive danskerne, tilbage til vores messe i lejren. Virkningerne af den danske SNAPS, en alkoholisk version af atombomben, var tydelige, og få af vores mænd huskede noget efter den første "SKÅL!" Det danske udtryk for "toast".

En halv time efter Mac og jeg var ankommet, måtte danskerne afsted, for deres skib var klar til at sejle. Der var ikke tid for mig til at skrive noget

Sømændene fra GODTHAAB tager afsked.

brev til dem derhjemme. Selv, hvis jeg havde skrevet et, ville jeg have været i tvivl om, hvorvidt det nogensinde ville nå hjem - at dømme efter skibsbesætningens tilstand. En af vores mænd modtog dog senere et radiogram fra en af besætningsmedlemmerne i Danmark, så de måtte jo have navigeret sikkert nok.

På trods af den spændende oplevelse med at tage afsked med danskerne, cirkulerede Macs og mine tanker konstant om bøfferne i isboksen. Så snart den sidste mand var gået ud ad døren, gik vi i gang med at forberede vores drømmemåltid. Doc forpligtede sig til at lave maden, mens Mac og jeg vaskede skorpen af den sidste uges snavs af os. Uden at bekymre os om at vente indtil bøfferne var færdige, gik vi ud på hylderne og snuppede en dåse frugt til forret. Jeg fandt mig selv stikke næsen ned i en dåse med saltede kiks. En vanvittig handling, men ikke desto mindre en god måde at rehabilitere på. Vi var også på vægten og konstaterede, at vi hver især havde tabt os omkring 5 kilo. Til sidst, som en start på at genvinde noget af den tabte vægt, ringede Doc med klokken, og vi satte os for at spise vores bøffer.

***

Den første slædejagt, bedrevet af nogle af vores folk, startede midt i februar. Root, Filson og Horton tog med Aparte Høegh, Miki, Hans og Jonas Brønlund på en tur, langs kysten op til en hytte omkring 120 kilometer nord for Hvalrosbugten. De vendte tilbage seks dage senere med kun syv sneharer og nogle minder om en hård, tolv timer lang tur gennem blød sne fra vejrstationen til den første hytte i Liverpool Land[46], 30 kilometer væk. Normalt ville ingen have overvejet at rejse gennem den bløde knædybe sne. Dårligt vejr havde forsinket turen to gange, så i stedet for at udsætte turen igen, besluttede fangerne at tage chancen for at jage efter vildt til deres mad.

Selvom tilbageturen blev foretaget i 30 graders frost, var den meget lettere. Årsagen var, at en storm var blæst op en nat, og den kraftige vind havde blæst det meste af den bløde nysne væk.

***

---

[46] Liverpool Land er et større landområde, beliggende nord for Scoresbysund. Sammen med Jameson Land og Scoresby Land udgør det en halvø, der mod nord afgrænses af Stauning Alper

Den anden fangsttur startede i marts. Doc, Lunceford og Dutton bad om at eskortere Jørgen Abilsen, Thorkilds bror, på en fem dages tur. Underhill og Thorkild tog også med, men de vendte tilbage til lejren sidst på den tredje dag.

Resultaterne af de andre mænds tur til den nordlige ende af Hurry Inlet var vidtrækkende. De stødte på en flok moskusokser (langhårede fætre til bøflen) og dræbte tre. Det viste sig at være stik imod kolonibestyrerens ordre. Vi havde alle fejlagtigt troet, at der var givet tilladelse til, at vi måtte skyde moskusokser. Kolonibestyreren holdt dog på, at det i eskimoernes autokratiske kultur var Thorkild og Simone som var ansvarlige for ikke at gøre os det klart: Ingen nedlægning af moskusokser! Det var på grund af denne misforståelse, sammen med en række andre hændelser, at kolonibestyreren stoppede Thorkild i at samarbejde med os.

Denne episode blev kilden til den største morskab, vi oplevede. Ikke på grund af den måde det skete på, men måden kolonibestyreren reagerede på. Han inviterede Mac og nogle af mændene over til sit hus under påskud af en fest. Da de ankom, udtrykte han et grønlandsk ordsprog og gestikulationer, som selv Mac aldrig før havde oplevet. Men essensen af det forstod de alle udmærket. Da kolonibestyreren skiftede til gebrokkent engelsk, havde de svært ved at kontrollere deres latter. "Mac, vi sagde, vi håbede ingen moskusokser, men nu, tre moskusokser! Åhh Gud!" Bagefter, da vores mænd vendte tilbage til lejren og genopførte scenen for resten af os, brød vi alle ud i latter. Denne moskusoksehændelse blev et samtaleemne i lejren resten af året.

Sidst i april tog Root, Doc og Stewaard med Mikkel og andre lokale på en jagttur til Kap Brewster. Det viste sig, at denne tur var langt den mest eventyrlige, udfordrende og rystende. Mændene sov i telte på Kap Brewster, og på vejen frem og tilbage måtte de slå lejr for natten på isen i fjorden. Det er overflødigt at sige, at de "gjorde toilette" på ægte arktisk måde. Ifølge deres beretninger, da de vendte tilbage, var de nødt til at manøvrere deres hundehold gennem områder med kilometervis af knivskarp fjordis-formationer, og en gang måtte Root og Steward guide deres hundehold ned ad ujævne iskolde skråninger på Kap Brewster.

Vi misundte dem alle for deres oplevelse, men var samtidig glade for, at vi ikke havde delt den.

∗∗

Den mest mindeværdige rejse for nogen af os var den, hvor Mac fulgte Aparte og et par andre fangere til Eskimonæs, 400 kilometer nord for vores vejrstation. Et par danskere bemandede der en vejrstation, og en af deres lokale assistenter skulle bringes tilbage til Scoresbysund. Denne tur blev således foretaget med det formål at bringe afløsning. De startede i slutningen af april. Ruten fulgte den, som slædepatruljen tidligere brugte under krigen. De stoppede ved fangsthytter undervejs, og levede af det forråd, der var placeret der, ud over det, de selv medbragte.

Mac havde ikke indhentet tilladelse til at tage på denne langvarige ekspedition, som varede en måned, og vi var nødt til at dække over ham, så hans fravær ikke blev kendt i hovedkvarteret. Mac havde ræsonneret, at de i hovedkvarteret ikke kunne gøre noget, der hvor han var. Han nød i hvert fald sit livs rejse.

Hen over fire dage i midten af maj fik jeg min anden mulighed for at komme væk fra lejrlivets rutine. Steward og jeg fik tilladelse fra kolonibestyreren til at ledsage tre fangere, Mikarte, Jørgen og "Schmidy", på en fuglefangsttur til Hurry Inlet, cirka 50 kilometer nord for vejrstationen.

På dette tidspunkt var vores evne til at pakke udstyr og fødevareforsyninger blevet veludviklet. Steward og jeg pakkede derfor mad nok til fangerne og os selv til omkring en uge, selvom vi forventede kun at være væk i tre dage. På denne tur ville jeg ikke risikere at skulle spise de hårde kiks.

Selvom vejrudsigterne i starten af turen ikke var alt for lovende, stolede vi på fangernes vurdering af, at de følgende dage ville bringe klart vejr. Vi havde tidligt lært, at fangerne har en uhyggelig evne til at forudsige vejret. Deres liv afhænger ofte af deres beslutninger.

Vi startede med to slæder. I de første to timer var den største anstrengelse at klatre op ad den lille gletsjer, som gav os adgang til et pas gennem bjergene nord for vores vejrstation. Klatringen var ret lang og stejl for en person som mig, der ikke var i den bedste fysiske form efter den lange vinter med indespærring.

Vi nåede endelig toppen uden stop fra min side. Slædekuskene kaldte hundene til at standse, hvorefter vi tjekkede slæderne for at sikre os, at alt udstyr var sikkert fastgjort. Jeg anede ikke på det tidspunkt hvorfor, men det viste sig, at vi gjorde os klar til en hurtig tur ned ad bakke. Hver kusk klargjorde en løkke af en tung kæde, og vi startede ned ad den stejle skråning. Så snart slæden begyndte at tage fart, kastede kusken kæden rundt om en mede på slæden for at øge friktionen. Alligevel kørte vi snart med en rasende fart! Hundene løb i topfart, ofte ved siden af slæden. Nogle faldt og blev trukket efter slæden. Kun de hurtigste holdt sig på benene hele vejen ned.

På vej til Hurry Inlet hen over havisen, maj 1946

Der ikke var nogen form for styreanordning på slæderne, og vi måtte sætte fødderne ned til den ene eller den anden side for at undgå at ramme sprækker eller udragende sten. På min slæde gjaldt, at hvad end fangeren foran mig gjorde med sine fødder, så gjorde jeg det samme med mine. Inden for et par korte skræmmende minutter var vi nede på isen på en anden fjord. For mig var dette en oplevelse af "beslutsom hensynsløshed," men for fangerne var det blot endnu en ganske almindelig fangstrejse.

Vores første fangststed var stadig omkring otte kilometer væk, så vi indstillede os på den ret ensformige tur over fjordisen. Fangerne begyndte at køre om kap for at lindre ensformigheden. Et yndet trick var at smide bidder af hajkød, en del af forsyningen af hundemad, ud på siden af en anden kusks slæde, som ikke kom tilbage på ret kurs igen, før en af hundene havde fået fat i kødet. Nogle gange så en kusk en af sine venner sidde og dagdrømme på slæden. Så hoppede han af sin og løb over og forsøgte at vælte sin uopmærksomme ledsager af sin slæde. Det skete, at det udsete offer opdagede faren, og kunne så hævne sig ved at give det højlydte skingre skrig, der betød isbjørnevarsel. Øjeblikkeligt ville hundene, der var trænet til at reagere på dette signal, inklusive hundene fra kusken, der havde forladt sin slæde, stikke af, og forlade anstifteren alene, så han måtte ile afsted for at indhente sine hunde.

Disse behagelige adspredelser hjalp os med at fordrive tiden, og hurtigere end jeg havde regnet med, ankom vi til Raffles Island, der var vores første destination. Øen, der er typisk for alle øerne i den region, rejste sig fra havet. Stadig frosset til og med næsten lodrette sider. Talrige grotter tilbød tusindvis af gråænder deres fristed i foråret, og vi blev til gengæld tilbudt fremragende fangstmuligheder. Selvom klokken kun var fem om morgenen, var der rigeligt med lys til at skyde, fordi vi var i perioden med 24 timers sollys. Inden for et par timer havde vi skræmt de fleste fugle væk

Pause på havisen

med vores skyderi. På ingen tid havde vi skudt omkring fyrre til at tage med hjem til landsbyen.

Efter at have fået varmen med en kop kaffe, satte vi kursen mod fangsthytten på Kap Høegh[47], cirka tre timers hundeslædekørsel væk. Hytten lignede i konstruktion og indretning den lille hytte, jeg huskede fra Gurreholm. For den sags skyld lignede den også til forveksling enhver anden lokal hytte. Der var det lille vindfang, til beskyttelse mod vinden, og det ene rum med en knæhøj platform mod den ene væg, der fungerede som siddeplads, bord og seng. "Ovenpå" vindfanget, var et loft, der hovedsagelig fungerede som opbevaringsrum til mad. Af og til, som for eksempel på vores tur, blev den brugt til ekstra soveplads af de lokale.

Hytten var beliggende på en stenet, men ret jævn del af halvøen. Denne smalle landtange er ikke mere end en halv kilometer lang og ligger mellem den fjord, vi lige havde krydset, og det stadigt frosne ishav. Skarpe bjergsider begrænsede vores udsigt i de fleste retninger.

Fangsthytten ved Hurry Inlet. Bemærk de tykke, isolerende mure af tørv

---

[47] Kap Høegh er opkaldt efter bygdebestyrer, Henrik Høegh.

Siden starten af turen havde vi ikke spist noget væsentligt mad i 13 timer, så vi begyndte at tilberede et højt ønsket måltid. Steward fungerede som kok, mens vi andre smeltede sne til kaffen og lavede andre små opgaver, som forberedelse til en velsmagende middag.

Senere, da vi havde spist og vasket op, gik en af fangerne udenfor for at lede efter fugle på det nærliggende fjeld. Da han ikke så nogen, besluttede fangerne, at det ville være bedre for os at sove til senere på natten, hvor fuglene forventedes at vende tilbage. Jeg hilste personligt denne beslutning velkommen, da jeg ikke havde sovet i mere end seksogtyve timer, og jeg følte ikke, at det ville være sikkert for mig at gå rundt oppe i fjeldet.

Vi stod op klokken ti om aftenen og ventede på fuglenes ankomst.

Der var masser af lys, selv på dette tidspunkt, takket være midnatssolen. Inden der var gået en halv time, hørte vi skrigene og så snart, at dele af

På vej ned fra det stejle fjeld efter fuglefangst

himlen var dækket af gæs. De kom fra deres vinter redeområder, der ligger langt mod syd, i det sydlige USA.Hurtigt blev det besluttet at bestige den stejle skråning. Dette fjeld var ikke så forræderisk som det tidligere fangststed, men der var dog hele tiden fare for at træde på en løs sten.

Fangerne klatrede med lette skridt, nogle gange med hænderne bag ryggen. Mine byvaner tvang mig til tider til at kravle på alle fire.

Selvom de fleste fugle var tæt på toppen af fjeldet, så vi et par stykker på vejen op. Vi tog os god tid til at klatre mere end 300 meter til toppens forrevne højderyg. Da jeg nåede derop, tog jeg mig dog tid til at nyde den storslåede udsigt over det omkringliggende fjord- og øsystem og bjergene, der lå under os. Steward, den intense og fuldendte jæger, gik ved siden af mig og spottede nogle fugle, der skulle skydes med hans haglgevær, når de landede på klipperne. Jeg så pludselig, at geværet var rettet mod mig! Da jeg indså, at jeg kiggede direkte ind i løbet, smed jeg mig ned på klipperne og råbte: "Skyd ikke!" Det gjorde han så heldigvis ikke! "Undskyld", sagde han, "Jeg så dig ikke!"

Da jeg var faldet til ro, begyndte jeg at iagttage udsigten. Jeg kunne næsten se hele den rute, vi havde tilbagelagt på turen, selvom vi ikke kunne se selve Hvalrosbugten. Den lå bag fjeldet og gletsjeren, vi havde krydset. Mikarte, som bemærkede min interesse, pegede og navngav visse betydningsfulde toppe og øer. En let tåge dækkede området, og jeg håbede på, at vi kunne blive på fjeldet, indtil solen stod højere på himlen og opløste tågen, så vi kunne få et bedre overblik over området.

Fangerne bemærkede, at en tågebanke rullede ind over os, og de besluttede at vende tilbage til hytten. De fleste af gæssene var på dette tidspunkt stukket af efter vores skyderi, så der var ingen grund til at blive hængende udenfor i kulden denne tidlige morgen.

Vi nåede hytten få minutter før tågen lukkede sig om os. Den blev liggende i flere timer. Vi kunne ikke jage, så der var ikke andet at gøre end at småsnakke på bedste grønlandsk-amerikansk manér. En af fangerne fandt i mellemtiden to planker af træ og begyndte at file på dem. Inden længe begyndte en lille tværbue at tage form. Efter han også havde fremstillet en buestreng og et par pile, begyndte vi at træne indendørs "jagt" for at slå tiden ihjel.

Senere på morgenen lettede tågen endelig, men ingen af fuglene vendte tilbage til fjeldet. Fangerne besluttede sig derefter for at tage til en hytte på Kap Greg, femten kilometer nordpå. Frederik Brønlund havde i mellemtiden gjort os selskab, og grønlænderne besluttede, at jeg skulle køre med ham, fordi hans slæde var pakket lettere.

Hele vejen på denne del af rejsen foregik på storisen. Havet frøs til i september og mange små isskosser var frosset fast i isen, og derfor var vores tur en kontinuerlig slalomkørsel, da vi ellers skulle køre over dem. Det krævede, at vi skulle skubbe slæderne og stadig kontrollere hundene. Nogle gange, i løbet af de tidligere beskrevne sjove perioder, blev vores slæder tvunget faretruende tæt på kløfter og lavninger, der lå helt op til disse små isbjerge, men kun én gang væltede min slæde ned i en af dem. Da alt vores udstyr og forsyninger var spændt fast på slæden, skulle vi bare rette slæden op igen og fortsætte turen. Alligevel var det konstant hårdt arbejde og tidskrævende.

Kaffepause på hjemvejen over havisen

Vi stødte på hytten ret pludseligt, og jeg var virkelig overrasket over, hvad jeg så. Den var ikke større end et halvt bordtennisbord. Ikke mere end tre af os kunne sidde på hug derinde på én gang. På grund af den kendsgerning, at den lille petroleumsovn skulle beskyttes mod vinden, gik "æren" for at besætte den lille hytte til mændene, der tilberedte måltidet. De andre fangere brugte i mellemtiden tiden på at stramme snorene, der holdt lasten fast på hundeslæderne. Den barske tur over storisen havde løsnet bindingerne, og hjemrejsen lå stadig foran os.

Turen op til dette sted var forgæves, for ingen fugle var i sigte.

Vi kørte tilbage mod Kap Høegh. Efter cirka en times kørsel, så vi nogle fugle, der hvilede på klipperne på en ø, som vi skulle uden om. For at komme tættere på kysten, var vi nødt til at passere gennem et felt af fastfrosne isbjerge. Til tider kunne vi, på grund af den ekstra ujævne kørsel, ikke blive siddende på slæden. Vi måtte hoppe af og løbe ved siden af og styre den. Når så hundene kom til et fladt stykke med glattere is, måtte vi hurtigt springe på slæden igen, fordi hundene så ville pile afsted i voldsom fart. Til sidst trak vi ind på den glatte is tæt på kysten og var inden for fuglenes rækkevidde.

Vores mål denne gang var måger med et vingefang på måske en meter. Steward og Mikkel klatrede et stykke vej op ad den stejle klippe for bedre at komme på skudafstand. Jeg derimod, foretrak at blive på isen. Jeg havde besluttet mig for, at jeg hellere ville tage færre chancer og gå glip af et par fugle, end at gå glip af båden hjem til USA på grund af en ulykke ved at falde ned fra en klippe.

Da skyderiet drev fuglene på flugt, var de gode fangstmuligheder endelig slut. Steward og Mikkel begyndte nedstigningen fra det høje fjeld. I stedet for at klatre ned, guidede de sig selv til en skråning af is, der strakte sig omkring 100 meter op ad fjeldet fra den jævne fjordis nedenfor. Da de nåede skråningen, satte de sig ned og lod tyngdekraften klare resten. Steward sagde bagefter, at han ikke var klar over, at is kunne blive så varm.

Under resten af turen tilbage til hytten sad jeg på slæden og lod mig betage af kystlinjens inspirerende skønhed. Idet turen ud foregik sidst på aftenen, havde solen stået på den vestlige himmel, og bjergene ud mod os langs kysten var i skygge, men i løbet af de tidlige morgentimer på denne returrejse var solen på den østlige himmel, og skråningerne var derfor strålende oplyste. Blandt de mest imponerende seværdigheder var en koboltblå gletsjer beliggende midt imellem de tårnhøje fjelde. Disse samme fjelde var i flammende farver, men sammenlignet med gletsjeren, var de forholdsvise blege.

Sent om morgenen ankom vi til hytten i Liverpool Land. Efter at have spist nød vi en god søvn, for vi havde endnu en gang rejst næsten 24 timer uden at sove. Da vi vågnede, begav vi os på hjemturen til Hvalrosbugten.

Vi stoppede kort ved Raffles Ø[48] og tilføjede endnu et par fugle til vores fangst. Vores samlede fangst talte omkring 100 fugle, hvoraf de 20 var mine. Det havde jeg det godt med, for jeg vidste, at jeg havde nedlagt min del af byttet.

Så var vi igen på farten langs fjorden, indtil vi omsider var på vej op ad den stejle skråning af gletsjeren i bjergkæden bag Hvalrosbugten. På vores vej ud var dette den skråning, vi havde løbet ned ad. Nu klatrede vi møjsommeligt op ad den. Denne gang vidste jeg dog, hvad der ventede på den anden side, når vi nåede toppen: Endnu en hektisk tur nedad! Nu kunne jeg dog se de nærliggende fjelde, der ikke havde været synlige i tågen på vores udgående rejse.

Efter den lange stigning, hvor vi til sidst måtte smide vores vindjakker, sweater og endda skjorter -på trods af den lave morgen temperatur- nåede vi toppen af gletsjeren. Under os, i den klare luft, lå et bredt hvidt panorama, kendt på kortet som Scoresby Sund og med Kap Brewster i det fjerne, samt naturligvis Hvalrosbugtens vejrstation tæt på kysten.

En halv time senere, efter den kaotiske tur ned ad den stejle skråning, afsluttede vi den sidste del af turen tilbage til lejren. Jeg kiggede på mit ur. Klokken var kun ni om morgenen, og med undtagelse af den vagthavende observatør, Lunceford, var ingen oppe og på farten. Efter et par timer stod Root op for at tilberede morgenmad, og kort tid senere stod flere op for at komme i gang med dagen. De førte Steward og mig ajour med de seneste nyheder og rygter om vores afventende hjemrejse. Vi begyndte langsomt igen at passe ind i vejrstations rutiner.

Jeg var forbløffet og decideret uforberedt på min reaktion på tingene omkring vejrstationen. Fangstturen markerede mit første fravær fra lejrens og landsbyens rammer i næsten ti måneder, og det både fysisk og mentalt. Selvom vi kun var væk i tre en halv dag, virkede alt, i hvert fald i et stykke tid, nyt og interessant.

Jeg indså da, hvor dybt kraften af vores enkle og rutineprægede dagligdag havde slidt på os.

---

[48] Raffles Ø er en ubeboet ø beliggende ved Liverpool Land, omkring 20 km nordøst for Scoresbysund

Kapitel 6 – Livet i lejren

Vi var isolerede, og det betød samtidigt, at vi var fysisk adskilt fra resten af verden og befandt os i vores egen verden. Grænserne for vores daglige udfoldelser strakte sig kun til lejrens og landsbyens grænser og ikke længere. Hele vores vågne tid blev brugt i tæt kontakt med hinanden. Enhvers opførsel og karakteristika, undgik ikke de andres opmærksomhed. Så alt, hvad den enkelte kunne gøre for at bryde med monotonien og den påtvungne eksistens, var velkommen.

En af grundene til fangstturene var ikke kun at give de mænd, der var med på turen, en chance for at komme væk fra de alt for vante omgivelser, se noget andet landskab og prøve andre oplevelser. Det var også for at give os, der blev tilbage, en chance for ikke at være sammen med dem, der tog afsted. Den begrundelse kan være svær at forstå, men enhver, der dag efter dag har været nødt til at leve sammen med de samme få mennesker, kender effekten af at se de samme mennesker og gøre de samme ting i den samme rutine.

I sig selv var situationen ikke helt uudholdelig, men hvis den kunne ændres, om end bare for en dag, eller endda en time, blev forandringen værdsat.

***

Følgende beretninger beskriver vores aktiviteter i bestræbelserne på at fordrive fritiden, når vi ikke var optaget af vores pligter. Selvom de følgende beretninger, som oprindeligt skrevet i 1945-1946, måske ikke virker så dramatiske eller dybtgående, giver de en fornemmelse af eksistensen, som vi oplevede den. Disse synspunkter var vigtige for os på det tidspunkt, fordi de var alt, hvad vi havde.

Til hverdagens rekreation havde hæren forsynet os med et bibliotek indeholdende hundredvis af paperback-bøger, et udvalg af Armed Forces Institute (USAFI)[49] korrespondancekurser, en 16 mm lydfilmfremviser

---

[49] United States Armed Forces Institute (USAFI) var en uddannelsesorganisation, der var en del af USA's væbnede styrker. Den blev grundlagt i april 1942, som Army Institute.
Mellem 1942 og 1974 tilbød USAFI uddannelsesmuligheder, som omfattede generelle eksamener på college-niveau og USAFI-kurser til soldater i det kontinentale USA, Caribien, Europa, Hawaii og Japan.

med nogle spillefilm, en grammofon og over 200 plader, sportsudstyr, samt et udvalg af spil, en dartskive og hobbyartikler.

Eftersom næsten alle læste romaner, var biblioteket måske det mest brugte af vores fritidssysler. De fleste andre former for underholdning krævede to eller flere interesserede deltagere, men enhver kunne, uanset tidspunkt, til enhver tid sætte sig ned for at læse eller studere i fred og ro. Derfor benyttede de fleste af os lejligheden til at læse. Men selv om vi tilsyneladende havde et velassorteret bibliotek, var det ikke stort nok, eller komplet nok. De mest ivrige læsere læste de fleste udvalgte bøger, før missionen var ovre, mens resten af os havde svært ved at foretage interessante bogvalg.

Hver gang nogen fandt en særlig interessant bog, roste han den som regel så højt, at alle andre hurtigt fik lyst til også at læse den. Som et resultat heraf, var der stor efterspørgsel på populære bøger, akkurat som derhjemme.

En type læsestof vi dog manglede, var et udbud af aktuelle blade og tidsskrifter. Romaner og lærebøger var i orden, men de fleste af os havde altid været vant til den informative læsning, der findes i tidsskrifter. Postnedkastningerne var få, og der var langt imellem dem, så de fleste af de blade, vi til sidst modtog, var gamle kopier. Vi følte altid, når vi endelig læste dem, at vi ikke kun holdt os orienteret om forbigående begivenheder, men at det også var gamle nyheder. Den eneste måde vi kunne få ordentlig information på, var igennem kortbølgeradioens nyhedsudsendelser. Detaljerne skulle senere uddybes med tryksager.

Vi havde et stort udvalg af fritidsaktiviteter lige fra spil til hobby-håndværk. Dart, Mølle & Dam forblev de evige favoritter, og der var langt imellem de dage, hvor ikke mindst et af disse spil blev spillet. Skak blev dog kun spillet lejlighedsvis. Andre spil så som Loppespil, Ludo, Bingo og Backgammon, der var populære, da vi var unge, tiltrak os aldrig, og de blev stående på hylden hele året.

Det mest populære brætspil var det berømte Matador. Vi begyndte at spille spillet efter reglerne, men fordi vi hver især havde forskellige fortolkninger af reglerne, opstod der mange diskussioner og deraf følgende kompromiser. Så på det tidspunkt, hvor vi endelig fik reglerne redigeret nok til at tilfredsstille alle, var vores version af spillet strengere, end det sandsynligvis nogensinde var tænkt til at være. Det gennemsnitlige spil, selv med seks eller syv deltagere, varede normalt ikke længere end tre timer. Ofte spillede vi to eller tre spil på en aften.

Horton, Dutton og Kelso i dagligstuen.
Bemærk udvalget af spil, filmruller og læsestof

Visse kortspil som Cribbage[50], Rommy og Kabale var vores favoritter, og nød i kortere perioder størst popularitet. For en militærpost at være, blev Poker mærkeligt nok aldrig spillet, selvom der var jetoner til rådighed. Pinochle[51] forblev flertallets favorit, selvom det også af og til blev lagt væk. Vi prøvede alle de versioner, der var anført i de officielle regler. Vi begyndte at spille med to kortspil og troede, at vi havde fundet svaret på vores behov for mere aktivt kortspil, men selv for denne version mistede vi interessen.

I starten havde vi masser af spillekort. De fleste af os havde taget en lille forsyning med og nogle af os modtog endda spillekort hjemmefra. Den

---

[50] Cribbage er et klassisk engelsk kortspil, der vist nok ikke er så udbredt i Danmark.
[51] Pinochle også kaldet pinocle eller penuchle, er et es-ti kortspil typisk for to til fire spillere og spilles med et 48-korts kortspil.

amerikanske legion havde sendt flere Coca Cola-pakker, der inkluderede nogle spillesæt til soldater. Hæren selv stedte omkring tredive pakker med kort i vores forsyninger. Kort af Pinochle-typen var desværre i mindretal, så inden længe var vi tvunget til at kombinere Poker- og Bridgekort til erstatning for vores slidte Pinochlekort.

Bordtennis var populær blandt os, der spillede det, men lidt upopulær hos de andre, der blev forstyrret af støjen. Selv om vi var nødt til at flytte nogle af møblerne rundt og placere bordet på skrå i messen for at give os tilstrækkeligt med spilleplads, lykkedes det os at få nogle ret gode spil. Olieovnen var dog i vejen og forstyrrede spillet. Det gamle hold efterlod os kun syv bordtennisbolde, da vi overtog stationen, så vi blev til sidst tvunget til at stoppe spillet. Vi formåede dog at få den sidste bold til at forblive brugbar i hele fire dage. Men i forårets postnedkastning fik vi igen en stor mængde af de nødvendige bolde, og vi begyndte at spille igen, uden at skulle bekymre os, hver gang en bold gik i stykker.

Nogle forsyninger til fotofremstilling, som jeg havde anmodet om hjemmefra, var med på en af postnedkastningerne. Jeg havde taget noget filmbearbejdningsudstyr med hjemmefra, og med det ekstra udstyr, kunne jeg også lave billeder fra filmrullerne. Det lykkedes mig at lave et lille mørkekammer på 30 x 100 centimeter ved at hænge et tæppe op for at gøre det lystæt. Selvom mit arbejdsområde var trangt, lykkedes det mig at udvikle og trykke flere ruller med billeder. Resultatet af mit provisoriske

Filcon, Lunceford og Dutton samles omkring olieovnen

mørkerumsarrangement gav dem af os, som havde kameraer, mulighed for at tjekke nogle af vores billedresultater, inden vi vendte hjem.

***

Udendørsaktiviteterne varierede naturligvis med årstidens vejr. Om sommeren, hvor der ikke var is eller sne, var vores vigtigste adspredelser vandreture, fiskeri og sælfangst. Med undtagelse af fangstture, så var skiløb næsten den eneste udendørs sport, der kunne udøves.

Det var ikke på grund af interesse, at vi valgte at deltage i de forskellige udendørs aktiviteter, men vi gjorde det fordi det, i det mindste, gav os nogle emner at diskutere, og en bedre forståelse for de lokales liv i Arktis.

Der var gode fiskeforhold i de nærliggende søer og vandløb, der kun var helt fri for is i juli og august måned, så hele oktober og indtil det tidlige forår, måtte den særlige teknik med isfiskeri anvendes. Vi skulle først hugge et hul i isen på omkring en halv meter (isen var over en halv meter tyk) og så kaste en line i vandet.

West gør sig klar til en tur på ski

Dernæst skulle vi knæle eller ligge ned med hovedet tæt på vandoverfladen for at se, om en fisk nappede på krogen. Når en fisk nappede i krogen, rykkede vi i linen i forhåbning om at fange fisken. Ulempen var, at denne fiskemetode var ekstrem kold, og kun få af os fortsatte med den form for fiskeri. De lokale var dog nødt til det. For dem var fiskeriet en vigtig fødekilde i den lange vinter.

I det tidlige efterår, før fjorden frøs til, jagede vi sæl, hvilket i høj grad var en tålmodighedsprøve. Jeg havde allerede observeret fangernes drab af sæler på Gurreholmturen i august måned. Vores teknik adskilte sig ved, at vi ikke brugte harpuner med bindeline og flydeblære, men hurtigskydende karabiner.

To af os roede ud på fjorden i jollen for at jage sæl. Efter grønlændernes praksis, ville vi binde os til et lille isbjerg og spejde efter det afslørende hoved, når det skød gennem vandet i det nærtliggende område. Når vi så en, skød vi på den og skjulte os i jollen og startede med at gætte på, om sælen dukkede op igen. Steward var den eneste af os, der fangede en sæl på denne måde, så vi andre måtte nøjes med at fortælle historierne om "dem, der slap væk".

I løbet af det sene efterår satte Steward og nogle af folkene nogle få hajliner og sælnet op gennem huller, der blev hugget i fjordisen. Efter de lokales skik brugte vi frosset sælblod som lokkemad, og vores volleyballnet som fælde. Der var aldrig meget held i disse forsøg, og før en af stormene ødelagde vores fælde, havde vi kun fanget tre hajer. Interessen var hurtigt aftagende for de hyppige ture ud på isen til inspektion. Det blev for belastende i det stadigt koldere vejr. Ingen af os gad tænke på sæljagt om vinteren, da vi var fuldstændig omringet af den tilfrosne fjord og hav.

Med forårets komme var der igen muligheder for sælfangst, men fremgangsmåden var anderledes. Sælerne ville i denne periode af året gnave huller gennem den tyndere is og derefter sole sig ved siden af hullet. Fangeren kravlede så på isen, og skubbede sin riffel, der var bundet til en lille slæde, foran sig. Fanger og riffel var camoufleret af et lille hvidt sejl, der var fastgjort til slæden. Fangeren skød, når han kom tæt nok på til at sigte præcist. Man skulle dog være forsigtig, for sælerne foretrak normalt at sole sig på tynd is, og enhver, der foretog denne type jagt, skulle være på vagt over for faren for at bryde gennem isen.

***

Selvom vi boede i landet med næsten evig vinter, var vores muligheder for vintersport paradoksalt nok begrænsede. Ideelle skøjteløbsforhold varede kun i to uger i oktober måned, hvorefter sneen fra storme dækkede bugtens is og gjorde skøjteløb umulig.

Gode skiforhold var også sjældne. Storme pakkede normalt sneen hårdt og gjorde skråningerne vanskelige, så kun eksperter i skiløb vil kunne løbe på dem. Vi anså ikke os selv som eksperter.

Efter det første snefald prøvede mange af os med entusiasme vores ski på de korte, stejle pister. Men et par voldsomme styrt stoppede alle mændene, undtagen mig, fra at stå på længere løjper ned ad bakke. Jeg fortsatte med at gå til en af de nærliggende løjper for at øve mig. Den nærmeste, omkring 500 meter væk, havde en hældning på omkring 45 grader, og den anden, på den anden side af søen, omkring 30 grader. For mig var disse stejle. Ved at studere instruktionsbogen grundigt, lærte jeg at gøre det

West på ski ad en af de nærliggende skråninger

grundlæggende. Efter at have klatret hele vejen op, øvede jeg et par drejninger på vejen ned. Dette var stilen fra førkrigstiden, og det var alt, hvad vi kunne klare med de tunge træski og stive bjørneklobindinger. At klatre op varede omkring 15 minutter eller mere, og var en stor anstrengelse, men det store sus ned ad den stejle løjpe, var det hele værd.

Det var især imponerende at opleve udsigten over stationen fra denne højde. Vores afsides beliggenhed var endnu mere udtalt midt i det store hvide arktiske landskab.

En dag konstruerede Root og Steward en kælk af tre par ski, der var fastgjort på tværs. De valgte den stejleste skråning til deres kørsel, fordi den var hurtig. Den bløde fygesne kunne ikke bære kælken og mændene, og det resulterede i et par alvorlige styrt. Steward forstuvede sit knæ i et af disse styrt, og han havde endda tidligere forstuvet sin ankel ved at stå på ski. Som et resultat heraf mistede vi alle også interesse for kælkning.

***

At se film var uden tvivl den vigtigste form for underholdning. Det tidligere mandskab havde ikke fremviser og film, og vi måtte derfor langsomt opbygge vores filmbibliotek ved at sætte vores lid til flynedkastninger. For det meste var filmene to eller tre år gamle, og kom fra hærbaser over hele verden. Kvitteringssedlerne med adresser i Kina, Australien, Alaska, Afrika, England og Frankrig, vidnede om de mange kampfronter, hvor de forskellige film var blevet set, før de blev leveret på deres endestation i Hvalrosbugten.

Vores lille udbud af film viste sig snart at være utilstrækkeligt som alle vores andre adspredelser. I den største del af året måtte vi nøjes med omkring to dusin spillefilm, men ved slutningen af vores ophold havde vi langt over tres. Da vi var nødt til at se så mange af filmene igen og igen, blev følelsen af monotoni hurtigt almindelig, men vi benyttede os alligevel af enhver mulighed for at se en film.

Filmfremvisningerne var en meget vigtig begivenhed for de lokale, da de fleste af dem aldrig havde set en film. Normalt foretrak de actionfilm, og vi efterkom deres ønsker. Denne politik tvang ved flere lejligheder nogle af os til at sidde selvtilfredse og se med gennem fire mishandlede ruller med LIVES OF A BENGAL LANCER[52]. Netop denne film var særlig svær at vise,

---

[52] På dansk: "Englands sønner", er en amerikansk eventyrfilm fra 1935 med Gary Cooper i hovedrollen.

da der var flere brud på filmrullen, og vi havde ikke splejsningsudstyr til reparationer.

Til en forestilling blev en lokal så medrevet under nogle actionscener, at han lænede sig ud over midtergangen fra sit sæde for bedre at kunne se. Hans hoved og skuldre blokerede en del af strålen fra fremviseren, men han flyttede sig ikke tilbage. Vi ræsonnerede, at han må have troet, at den store skygge på skærmen var en del af filmen.

Fremviseren var ny, da vi fik den, men den blev brugt så meget i løbet af året, at den begyndte at vise tegn på slid. Visse svage dele svigtede ofte, og hver gang vi lavede reparationer, bad vi til, at den ville holde året ud.

Mange af vores film var så gamle og slidte, at de var i for dårlig stand til at blive vist. Vores værste problem var, når filmen var knækket, og mange meter faldt ned på gulvet fra indføringshjulet, før vi nåede kontakten og fik

Filmaften

slukket. En gang havde jeg ikke fået sat filmen fast i oprulleren på fremviseren. Igennem hele den rulle sad vi derfor uvidende om, at 500 meter filmstrimmel havde lagt sig som en pyramide på gulvet. Det gav os naturligvis noget nyt at tale om et stykke tid.

***

Vores radioer var selve hjertet i vores kommunikationsverden. De skingre toner af radiomorsekoden, der blev brugt på kommunikationsnetværkene, gik os til tider på nerverne, og vi skændtes ofte om indstillingen af volumenknappen, men larmen var et nødvendigt onde. Formålet med vores isolation var nøjagtig og hurtig rapportering af vejrdata. Det blev opfyldt ved hjælp af radiokommunikation, men vi var til tider ekstremt irriterede. Især når dårlige atmosfæriske forhold, forhindrede os i at sende vejrmeldingerne ud over netværket til hovedkvarteret, hvilket først skete, efter vi havde registreret de nødvendige vejroplysninger. På sådanne dage følte vi, at vores tid og kræfter var spildte.

Vi havde særlige modtagere til hovedsageligt at modtage radioudsendelser. Hvis vi ønskede underholdning eller nyheder i løbet af en given dag, var vi nødt til at stille ind på flere forskellige programmer, da de fleste kortbølgestationer ikke havde kontinuerlige sendeplaner.

Udover at lytte til Armed Forces Networks (AFN)[53] i Europa, udsendte udenlandske stationer i staterne, programmer med amerikansk underholdning fra New York. BBC-programmer fra London, hentede vi af og til fra lokale amerikanske stationer på det almindelige radiobånd, når atmosfæriske forhold tillod det. AFN i Europa, som først udgik fra London og Paris og senere fra Tyskland, var vores vigtigste kilde til radiounderholdning. På visse tidspunkter, hvor modtagelsen fra Europa var dårlig, eller når vi ønskede variation, måtte vi ty til de andre frekvenser for at høre noget, der tilfredsstillede os.

---

[53] American Forces Network (AFN) er en statslig tv- og radioudsendelsestjeneste, som det amerikanske militær leverer til dem, der er udstationeret i udlandet. Med hovedkvarter i Fort George G. Meade, Maryland, udgår AFNs udsendelsesaktiviteter, som inkluderer globale radio- og tv-satellitfeeds, fra AFN Broadcast Center/Defense Media Center i Riverside, Californien. AFN blev grundlagt den 26. maj 1942 i London som Armed Forces Radio Service (AFRS). I november 2013 lancerede American Forces Network internetradiostreams, der udvidede rækkevidden af militærnetværkets radioprogrammer i udlandet.

Som et resultat af, at vi drejede på frekvensvælgeren, har vi sandsynligvis på et eller andet tidspunkt haft stillet ind på alle tænkelige kortbølgestationer, der var mulige at modtage. Vi tjekkede ofte hele

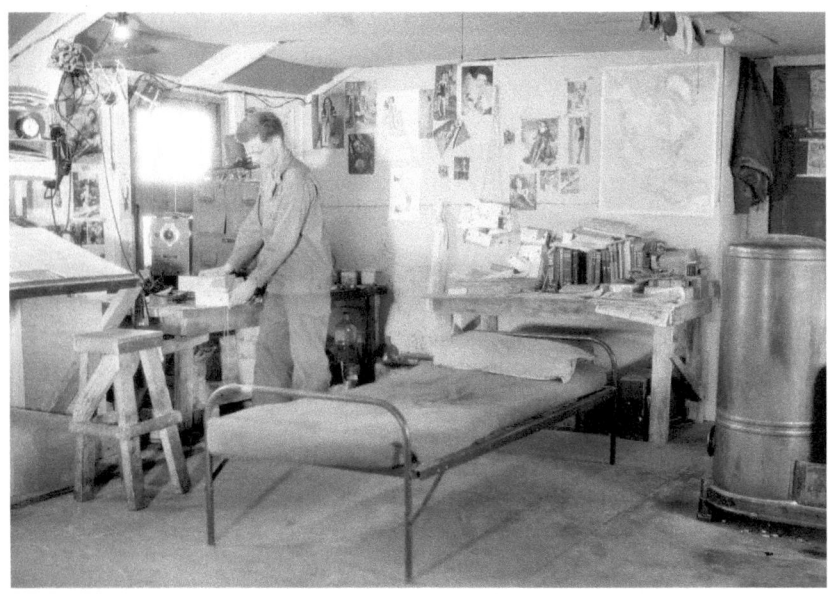

Der lyttes til radioudsendelse alt imens der udføres huslige pligter.

urskivens rækkevidde i et forsøg på at høre et passende program. Vores grundlæggende interesse var amerikansk musik, hvorfor vi foretrak kortbølgeprogrammer fra Amerika, selvom nogle af dem var beregnet til Latinamerika og Europa. I disse udsendelser blev der naturligvis brugt et fremmed sprog til at introducere programmerne, men vi satte os hurtigt i stand til at se bort fra de ukendte ord og kun lytte til musikken.

Hvis der ikke var noget bedre at lytte til, tunede vi ind på britiske programmer. Normalt var deres variation og nyhedsprogrammer kedelige, men deres indspillede musikalske ønskeprogrammer var for det meste næsten lige så gode, som nogle amerikanske shows. Det skyldtes, at de brugte det store udbud af amerikanske plader. Britiske bands var ikke særlig gode. De prøvede at spille amerikansk musik i vores stil. Jeg tror, vi grinede mere over deres bestræbelser på at amerikanisere sig selv, end af deres vittigheder.

Joe Louis-Billy Conns boksekamp i juni 1946 var et godt eksempel på de vanskeligheder, vi døjede med i perioder med dårlig radiomodtagelse. Klokken nærmede sig starttidspunktet for kampen kl. 0300, men vi konstaterede, at kvaliteten af kortbølgemodtagelsen fra staterne var langt under gennemsnit. Selv ved at bruge to modtagere til at scanne urskiven, havde vi svært ved at finde en tilfredsstillende station. Under selve kampen blev vi tvunget til at søge efter andre passende frekvenser tre gange, da modtagelsen svigtede. Vi var på en måde lettede over, at kampen sluttede i 8. runde. Vi var ved at nå det punkt, hvor vores tålmodighed ikke rakte til at udholde den dårlige modtagerkvalitet. Især på det tidspunkt af morgenen.

Atmosfæreforholdene fra oktober til marts måned, gav os en chance for at modtage lokale udsendelser fra staterne. Modtagelse afhang af ideelle forhold, så det var i høj grad et spørgsmål om lykke og fromme med at fange en bestemt station. Vores tålmodighed blev ofte sat på prøve, når en spændende del af et program var ved at begynde, og stationen gled ud eller atmosfæriske forstyrrelser overdøvede den. De mest konsekvente stationer med godt signal til modtagelse var St. Louis i Midwest. Det glædede Don Horton fra det nærliggende Springfield, Illinois. Men WCAU i Philadelphia kom ofte ind, og jeg havde fornøjelsen af at høre velkendte reklamer. En nat i oktober måned, hvor der var snestorm, rådede Koppers Koke alle i Philadelphia til at "forberede sig på vinteren nu, for den er lige om hjørnet". Fox Weiss Furriers mindede damerne om at "hente deres pelsfrakker ud fra gemmerne".

På trods af den utilregnelige modtagelse, nød vi at lytte til de lokale udsendelser, for de tog os i ånden tættere på hjemmet. AFN i Europa præsenterede transskriberede[54] programmer af de bedste radioprogrammer fra Staterne og uden reklamer. Men at lytte til "underholdning på dåse" hele tiden blev trættende. Der gik også normalt en måned eller mere, før disse optagede programmer blev gjort tilgængelige til genudsendelse. Så hvis vi hørte et program live, følte vi os virkelig opdaterede og anså os selv for at være medlemmer af broderskabet af radiolyttere i Staterne, i stedet for forældreløse børn, der accepterede brugte "genbrugs"-udsendelser.

---

[54] Transskribering: i denne sammenhæng må det henvise til oplæste radioprogrammer.

Kvaliteten af radiomodtagelsen til nytårsfejringerne fra Staterne var perfekt. Vi var heldige at få en lang og uafbrudt modtagelse, og nogle af os ventede til klokken fem for at høre stemningen fra Times Square i New York City, og derefter baglæns over hele landet, mens hver tidszone bød det nye år velkommen.

***

Jeg huskede fra derhjemme, hvordan vi under vores familiesammenkomster nytårsaften, lyttede til London med Big Ben, og

Arbejde og fritid kunne være svær at adskille.

fejrede det nye år fem timer før Philadelphia. Her i Hvalrosbugten var det lige omvendt. På en måde var det svært for os at blive ved med at koncentrere os om musikken og speakeren, da vi hver især blev ramt af nostalgi og begyndte at genkalde personlige minder fra tidligere nytårsaftener. Fra det øjeblik begyndte vi at tænke på datoen, der stadig var mange og lange måneder væk, hvor vi ville begynde hjemturen. Vores levevaner blev af nødvendighed reduceret til en tilstand af absolut minimum. Vi var ikke de første, der besatte forposten, hvorfor vi havde en tvivlsom fordel af de forbedringer, og en vis "indlevet" atmosfære, der blev overleveret til os fra den tidligere besætning. Enhver, der slår sig ned udenfor hjemmet i en længere periode (hærudtrykket er: "langt nok til at pakke en rygsæk ud"), forsøger naturligvis at opbygge et "hjemligt" bolværk mod virkeligheden omkring sig selv. Denne slags komfort for os forsvandt dog, da hverdagen indfandt sig, eller da tilvænningsperioden var forbi. Fra det tidspunkt fik omgivelserne smagen af "det samme gamle hul", og alle havde lyst til at stikke af. Alt, hvad vi kunne gøre det meste af året, var altså at blive, hvor vi var, og få det bedste ud af det.

Den vigtigste bygning i lejren, og derfor den som vores daglige liv drejede sig om, var den med kombinationen af messe og køkken. Vi spøgte ofte med at starte en lille ildebrand for at få lidt spænding, og de forskellige bygninger blev overvejet. Alle havde en særlig pointe med at minde alle om, at hytten med messen og køkkenet ikke måtte røres. Vi ræsonnerede, at vi kunne klare os uden nogen af de andre bygninger, dog måske med undtagelse af fødevarelageret. Bygningen, der havde vores enstemmige godkendelse til at være offer for den første ildebrand, var operationsbygningen.

En aften i det sene forår kom vi dog næsten faretruende tæt på at gøre netop det, vi havde spøgt med - at brænde driftsbygningen eller barakken ned. Horton kom over fra brinthuset til en gruppe af os, som stod uden for operationsbygningen. Han bar en skadet ballon, der var fyldt med brint og sagde: "Denne har en lille lækage. Lad os dyppe en klud i noget benzin, binde den på ballonen, tænde den og sende den op. Det burde kunne give en solid eksplosion." Det lød spændende, og vi var i humør til noget nyt for at skabe spænding.

Vi gik til lysningen i nærheden bygningerne og sendte ballonen med den brændende klud til vejrs. Da ballonen langsomt fløj afsted, skiftede vinden imidlertid, og ballonen blev båret tilbage over bygningerne!

Den var omkring 50 meter oppe, da ilden nåede brinten i ballonen og med et WHOOSH kom en brølende ildkugle ned imod os. Vi holdt vejret. Heldigvis landede ballonen mellem driftsbygningen og messen. Alt skete så hurtigt. Vi følte os lettede over at det ikke gik galt. Vi indså også, hvor desperate vi havde været efter at opleve spænding i vores hverdag.

*****

En sædvanlig messe i hæren anses for at være et sted til afslapning fra arbejdsopgaverne. En såkaldt flugt inden for lejrens grænser. Den definition, selvom den er lidt ironisk, beskriver meget godt vores dagligdag i Hvalrosbugten. Vores messe var indrettet med to loungestole, der var de mest eftertragtede møbler i rummet, en hjemmelavet sofa og barneseng. På trods af, at sovebarakken kun var omkring 30 meter væk, var nogen af os nogle gange tilbøjelige til at tage en kort lur midt i de mere støjende omgivelser i messen.

Køkkenet lå i tilknytning til messen. Rester fra aftensmaden blev ofte tilberedt til uformelle natmåltider. Kaffe var tilgængelig på komfuret på næsten ethvert tidspunkt af døgnet, og hvis nogen ønskede det, kunne forskellige artikler som for eksempel dåsevarer og småkager åbnes til enhver tid.

Ligesom alt andet, når der ikke var noget andet valg, slap de eftertragtede fødevarer op, og vi længtes efter noget særligt. Til tider lavede vi derfor, afhængigt af vores individuelle luner og timing, karamel, popcorn og endda is.

Vi spiste omtrent lige så godt som alle andre oversøiske tropper gjorde. Alle vores letfordærvelige forsyninger var på dåse, frosne eller henkogte, men sukker, mel og salt og så videre, blev opbevaret i almindelige poser. Selvom vi havde nok af visse fødevarer til at holde to år eller mere, rakte vores forsyning af andre fornødenheder, såsom smør, kaffe og fløde en vis bekymring. På grund af en forglemmelse var vores kaffelager ikke fyldt op, da vi overtog stationen, og vores forsyning var opbrugt i december. Vi måtte derefter forhandle med beboerne i

Mens nogen slapper af i messen, må andre passe arbejdet

landsbyen. Det blev vores te for deres kaffe, og det afhjalp vores situation indtil næste flynedkast i april måned. Landsbykaffen var dog ekstremt stærk og bitter.

I begyndelsen af oktober slap forsyningen af smør i køkkenets fryseboks op. Kokken Root, der ikke selv ville gøre sig den ulejlighed at gennemgå den store udendørs fryseboks efter de resterende kasser smør, stillede imiteret smør, fremstillet af "skivoks" på bordet. Det er nok ikke nødvendigt at nævne, at efter det ene måltid var der flere frivillige til at skaffe det rigtige smør ude fra lageret.

Den gamle krigs-gemmeleg: "Hvem har bøfferne", bekymrede os bestemt ikke. Vi havde rigeligt med kød. Jeg tvivler på, om der var nogen tropper i hæren, eller for den sags skyld civile, der spiste mere kød af høj kvalitet, end vi gjorde. Til et eller flere måltider om ugen havde vi prima bøffer, og som jeg har nævnt tidligere, anvendtes resterne til natmad. Medmindre en af os spiste bøf nok til at dække mindst en halv tallerken, blev vi anset for at være "lette spisere". Nogle mænd, som for eksempel Mac, havde ingen problemer med at spise tre store bøffer på én gang. Vi spekulerede nogle gange på, hvad vi skulle gøre, når vi kom hjem til USA. Derfor besluttede vi os for at spise godt, mens vi havde muligheden.

Vores ekstravagante spisevaner gav os dog nogle vanskeligheder i løbet af den sidste måned. Vores udbud af kød af god kvalitet blev opbrugt, og vi måtte nøjes med andenklasses udskæringer eller mindre populære kødtyper. Smørret slap også op. Indtil vi opdagede, at landsbybutikken havde en forsyning af plantemargarine, som de ville sælge til os, måtte vi tage til takke med den upopulære "ski-voks" på vores pandekager og brød. På det tidspunkt aftog vores appetit en smule.

Sidst i juni måned bragte Aparte os nogle store mågeæg. Vi havde ikke fået friske æg i næsten et år og var virkelig taknemmelige for, at de lokale ville dele disse sjældne og svært tilgængelige delikatesser med os. Root spurgte: "Hvor mange vil have et æg?", og vi svarede alle i munden på hinanden: "Mig, Mig!"

***

Vi havde aldrig nogen bekymringer, når der skulle klippes hår, idet Doc før krigen havde profession som barber. Ingen bekymrede sig. Det vil sige undtagen Doc selv. Han var nødt til at stole på en af os amatører, når han skulle klippes, og det blev normalt Filson. Ingen af os behøvede at tænke så meget på vores udseende, så vi blev klippet, når håret blev så langt, at det var ubehageligt. Et par af os blev trætte af at rede vores hår og fik en

"Dutch" klipning[55], men vi lod håret vokse til normal længde, inden vi blev hjemsendt.

Hærens regler krævede "glatbarberede ansigter", men det bekymrede vi os ikke ret meget om i løbet af det år. Selvom skæg i Arktis anses for farligt, fordi håret kan samle fugt fra vejrtrækningen og derved give forfrysningen på huden, forsøgte nogle få af os at dyrke variationer af "ansigtskunst". Vi lod normalt vores skæg vokse, indtil vi fik lyst til at barbere os, men en gang imellem gjorde vi en indsats for kontrolleret vækst. Root fik fipskæg og busket overskæg, Doc forsøgte sig med et tyndt overskæg, men på grund af hans lyse hårfarve gik der lang tid, før vi lagde mærke til det. Horton forsøgte at få skæg, men også hans lyse hår forhindrede ham i at skabe et rigtigt skæg. Lunceford lod gro et gedebukkeskæg og korte bakkenbarter. Hvad mig selv angik, så prøvede jeg tålmodigt i over to måneder, før mine kinder var fyldte med fuldvoksne tætte bakkenbarter. Straks efter barberede jeg mig, som alle de andre, idet håret begyndte at blive for ubehageligt og kradsende

***

---

[55] Dutch klipning (hollandsk klipning): Kan nærmest betegnes som en "kasserolleklipning"

144

Bemærk pin-up kalenderen på væggen

Uanset hvor der var soldater under krigen, var de omgivet af pin-up billeder. Vores samling voksede kun langsomt på grund af den dårlige forsyningslinje. Efter en grundig gennemgang af de få blade, som vi havde læst igen og igen, lykkedes det os at skrabe nok billeder sammen til at pryde de bare vægge. Mærkeligt nok glemte hæren at forsyne os med kalendere. De eneste vi havde, var Varga-pigekalendere[56], der blev sendt til os af slægtninge og venner, som sandsynligvis aldrig forstod, at vi faktisk brugte dem til kalendere. En gruppe lokale blev under en fest inviteret til at inspicere driftsbygningen. Efter et kort kig på radioudstyret i bygningen, samlede nogle af damerne sig i en klynge og vendte deres opmærksomhed mod "Hollywood Pinup"-billederne, mens de diskuterede de fine træk ved hvert billede. Deres tøj og kamikker var bestemt en stor kontrast.

***

---

[56] Varga-pigekalenderen, blev introduceret i 1940 af den peruvianske illustrator, Alberto Vargas. Vi kender den i dag som kalenderen med de letpåklædte og veldrejede piger – værkstedskalenderen.

Det første halve år sov vi barakken, der var indrettet til ét fællesrum. Da dette system havde sine ulemper og ingen oplagte fordele, besluttede vi at bygge individuelle værelser for os selv, så vi kunne få mere privatliv. Vi ærgrede os over, at vi ikke havde fået den ide noget før, da alt tømmeret nu lå begravet i en dyb snedrive langs barakken. Vi fik gravet det nødvendige tømmer fri, og vi "bygningsingeniører" startede arbejdet. Da beholdningen af fer- og notplanker var begrænset, var nogle af os nødt til at bygge vores vægge med 2 x 8-tommer tømmer. Solidt! Vi blev færdige, og hver af os var nu "konge i sit eget slot", og kunne nyde mere privatliv. Som vintermånederne trak ud, blev dette privatliv meget vigtigt for os.

Vi behøvede ikke længere at være tvunget til at være i selskab med de andre i messen eller operationsrummet. Under de oprindelige forhold var det praktisk talt umuligt at få lidt privatliv.

Lunceford havde svært ved at etablere et værelse, fordi han var låst fast i hjørnet ved komfuret. Han placerede så nogle papkasser rundt om sin seng, og snart lignede hans hjørne et trolde-slot. Konstruktionen brød med monotonien i bygningen, og gav os endnu et samtaleemne.

***

Få ting er så morsomt som en, der taler i søvne. Simone, som talte uophørligt i løbet af dagen, fortsatte i løbet af natten. Vi vidste aldrig, hvad vi kunne forvente af ham. Nogle gange udstødte han et gennemtrængende råb fra et mareridt, andre gange talte han engelsk, men som regel mumlede han på grønlandsk. Nogle af vores mænd havde også for vane at tale i søvne. En nat udbrød Steward en sætning på grønlandsk. Alle lavede sjov med ham, og især Root, som fortalte ham, at han var på vej til at blive grønlænder, men senere talte også Root i søvne, og det endda på grønlandsk.

***

Tiden føltes uendelig og monoton, og vi måtte kontrollere søvnrytmen meget strengt. Dette gjaldt især i midsommer og midvinter, hvor hvilken som helst time af dagen lignede enhver anden. Der var to tankegange om det at sove. En gruppe af os gik som regel i seng på et bestemt tidspunkt hver aften og stod op til morgenmad, uanset hvilket skift vi arbejdede i. Den anden gruppe holdt sig vågne, indtil de var ved at falde omkuld og gik derefter i seng i 12 eller 18 timer. Mac og Kelso var de ivrigste udøvere af denne "nu ser du dem, nu gør du det ikke". Mac havde rekorden i sammenhængende tid i sengen - 29 timer! Kelsos rekord var "kun" 24 timer.

Macs ønske om uafbrudt søvn skabte for os, og de lokale i landsbyen, en alarmerende dag med frygt i det sene forår. Hver gang jeg afløste Mac på vores to-dages-arbejde – to-dages-fri skift, gik han normalt direkte i seng, men ved denne særlige lejlighed, gik der et par timer før vi bemærkede, at hans seng var tom. Vi tjekkede med hinanden i et forsøg på at spore hans mulige opholdssted. Vores eneste tanke var, at han var gået til landsbyen. En af vores mænd tog til Scoresbysund for at tjekke med bygdebestyreren. Det viste sig dog, at der heller ikke var nogen i landsbyen, der havde set Mac. Med den oplysning begyndte vi at blive bekymrede, fordi tøvejret skabte farlige forhold, og Mac var eventyrlysten nok til at gå ud på den svækkede is. Cirka en time efter, at vores budbringer til landsbyen var vendt tilbage, blev vi overraskede over at se flere lokale i en organiseret eftersøgning. De gennemsøgte fjeldsiden og de omkringliggende lokaliteter på vores station.

Selv bygdebestyreren indfandt sig i vores lejr og mens han talte med en af vores mænd uden for barakken, lagde de mærke til, at en sovepose bevægede sig på toppen af taget. Derpå stak et tyndt hoved ud af posen. Det var Mac! Han havde fået lyst til at sove i frisk luft og var kravlet ned i posen, som nogen havde lagt på taget til luftning.

***

En gang imellem spillede vi dart. Nogle af mændene, især Underhill, prædikede, at han var god til det, men ingen kunne matche Simone eller Thorkild på nøjagtighed og stabilitet. For os var dart et færdighedsspil. For vores lokale venner gav det dem mulighed for at vise os en færdighed, der ligner den at kaste en harpun. Som fremtidige jægere var deres evne til at skaffe føde til familien afhænge af denne færdighed. Fra 3 meters afstand kunne de konsekvent ramme bulls eye. Nogle gange endda med alle fem pile.

***

Mange af os havde kameraer, og vi tog billeder i løbet af året. Jeg havde formået at købe et par ruller film i Reykjavik, men indså hurtigt, at jeg burde have købt flere. Jeg fik i løbet af året tilsendt flere filmruller hjemmefra, men var alligevel altid bange for at løbe tør. Jeg måtte derfor indskrænke mit naturlige ønske om at tage billeder af alle de indbydende motiver. Jeg var altid ked af denne mangel på film.

Ikke desto mindre brugte jeg mit Kodak-foldekamera, filmstørrelse 620[57], så ofte jeg kunne. Jeg tog billeder rundt omkring i lejren, i landsbyen og på fangstture.

En stor bekymring udviklede sig i løbet af den tidlige vinter, da jeg konstaterede, at en skrue, der holder fokusringen på plads på objektivet, var gledet løs. Jeg var nødt til at sætte ringen på plads ved at bruge vokspapir i stedet for film, som et midlertidigt fokuseringsplan. Indtil jeg havde taget et par ruller billeder og fremkaldt dem, var jeg ikke sikker på, at fokuseringen på mit kamera var skarp. Og på hver efterfølgende filmrulle var jeg altid bange for, at ringen ville glide løs igen, for så ville jeg ikke få noget ud af mine billeder. Heldigvis holdt nødreparationsarbejdet, og mine billeder var OK.

***

Doc havde evnen til at flytte vores følelser fra den ene yderlighed til den anden. I den lettere genre kan nævnes, at Doc engang nævnte for os, at han kunne spytte over barakkens tag. Nogle af os var ligeglade, men andre var fascinerede og især Filson, som ikke troede på det. Det skabte diskussion hen over vinteren og ind i det tidlige forår. Det kunne ikke lade sig gøre, eller måske kunne det? Det var for koldt, for blæsende, for langt og for højt, så hvorfor overhovedet forsøge? Spændingen og forventningerne steg.

Engang sagde Doc, at kun drenge fra landet kunne forstå, at denne bedrift var mulig. Bydrenge anede ikke, hvad det handlede om.

En stille forårsaften, fulgte nogle få af mændene med Doc udenfor, og den store begivenhed skulle finde sted. De af os, der ikke deltog, måtte ikke få slutresultatet at vide, men spændingen var udløst. Der kom dog det ud af det, at vi i flere måneder havde noget usædvanligt at snakke om.

Der kom andre og mere alvorlige oplevelser, der involverede Doc. To gange tjente Doc som "læge" for landsbybeboerne. Den ene gang hvor en lokal havde en alvorligt betændt tand, som krævede udtrækning. Doc brugte

---

[57] Kodak filmformat 620 blev introduceret i 1931 som et alternativ til format 120 film, men slog aldrig rigtig igennem.

Novocaine[58] til bedøvelse, og resultatet var så smertefrit, at flere andre lokale snart havde brug for tandpleje. Doc frygtede, at hele hans forsyning af Novocaine ville blive brugt på landsbybeboerne, hvorfor han holdt op med at bruge smertestillende medicin ved tandudtrækning. Resultat blev, at der ikke kom flere anmodninger om hans tjeneste.

En anden gang bad bygdebestyreren Doc om at amputere en finger på en landsbyboer, som havde mast den i en ulykke. Doc havde aldrig før udført noget så alvorligt. Med instrukser via radio fra hovedkvarters medicinske afdeling og tilsat lidt spiritus fra bygdebestyrerens skab, foretog Doc operationen. Med succes!

Det alvorligste uheld, der krævede Docs medicinske kunnen, indtraf en dag, hvor Dutton blev forbrændt i ansigtet. Han kom hele vejen fra værkstedet til messen, med hænderne for øjnene og råbte: "Doc, jeg kan ikke se. Jeg er forbrændt!" Doc badede hans forbrændinger og øjne, og til alles glæde kom Dutton sig fuldstændig.

En anden gang trådte Kelso på et søm og havde brug for akut behandling. Bortset fra Stewards forstuvninger, havde vi andre heldigvis aldrig brug for Docs hjælp, men vi var virkelig taknemmelige over at vide, at hvis uheldet var ude, så havde vi en dygtig medicinsk ressource ved hånden.

I februar modtog vi desværre radiobesked om, at Docs far pludselig var død. På det tidspunkt indså vi mere end nogensinde omfanget af vores fysiske isolation. Normalt ville hæren have tilladt enhver med dødsfald i familien at komme hjem til begravelse, men i vores tilfælde var dette umuligt. I vores isolerede tilværelse indså vi, at vores medfølelse var den eneste trøst, Doc ville få.

---

[58] Novocaine: Et stærkt, smertestillende middel til lokalbedøvelse ved injektion

Kapitel 7 – Postnedkastninger

Da vi startede vores ophold i Hvalrosbugten, havde hovedkvarteret informeret os om, at de ville forsøge at få et fly til at aflevere post til os hver måned. Vi accepterede denne information med visse forbehold, for vi vidste, at det tidligere mandskab ikke havde modtaget post hver måned. Ikke desto mindre var det halve løfte om "post hver måned" konstant i vores tanker i løbet af det kommende år og genstand for stadig bekymring.

Mange forhold kan påvirke en planlagt postnedkastning. Godt vejr var selvfølgelig den primære forudsætning. Hvis et fly var ledigt, og skulle tage rundturen mellem hovedbasen ved Narsarsuaq og Hvalrosbugten, skulle der forudses perfekt flyvevejr (CAVU - Ceiling And Visibility Unlimited[59]) for hele Grønlands østkyst og over til Island. Dette i tilfælde af behov for en nødlandingsplads. Det svarer til et område, der omtrent er på størrelse med USA fra New Orleans til Chicago og over til Pittsburgh.

Realiteterne i det arktiske vejr og manglen på tilgængelighed af fly og flybesætninger resulterede i, at vi faktisk kun fik fem postnedkastninger i løbet af året. Disse nedkastninger forsynede os med de vigtigste ting til personlig kontakt med hjemmet og omverdenen.

BELLE ISLE afsejlede den 13. august, og vi måtte vente til den 8. oktober på vores første postfly. Helt uventet hørte vi et B-17 fly, der nærmede sig. NU! Vi stoppede straks alle aktiviteter og forberedte nedkastningen.

Hvilken spænding! Piloten var en "ener" og satte en ære i at holde sig så tæt på jorden som muligt under sine passeringer over stationen. Filson advarede i radioen piloten om antenneledningerne, som blot var 25 meter over jorden. "Modtaget og tak", meldte piloten tilbage. På den næste overflyvning holdt han flyet lavt til allersidste sekund, før han trak det op lige over ledningerne. Vi var glade, da han forsvandt i god behold.

Endelig fik vi vores post hjemmefra. Min "høst" var omkring 150 breve, heraf 100 hjemmefra og 10 pakker med godter.

Den 5. december ankom den anden postnedkastning. Denne gang var det en tomotorers C-47, militærets gamle "arbejdshest". Dette særlige fly blev kærligt kaldt for "Fnise Peter" af krigstidstropperne i Grønland. Vi var

---

[59] CAVU: For at kunne flyve måtte intet skydække være under 10,000 fod (3 kilometer), og sigtbarheden skulle være mindst 10 miles (16 kilometer).

glade for, at den holdt længe nok i tjeneste til at give os en chance for at opleve den.

Flyet ankom omkring middagstid. Vi var i vinterens korte dagslysperiode, uden sol og med kun fire timers tusmørke. Vinden var for stærk til en sikker nedkastning fra lav højde, så piloten ville ikke gå længere ned end til 3000 fod (ca. 900 meter), hvorfra han ville kaste kasserne og postsækkene. Det er nok overflødigt at nævne, at vi derefter måtte lede efter dem over hele området. Nogle kasser landede flere kilometer væk, og med det ringe dagslys og hurtigt faldende mørke, måtte vi arbejde hurtigt for at finde dem alle sammen. Vi kunne ikke vente til dagen efter, da en snestorm til enhver tid kunne ramme os, og vi ville aldrig kunne finde dem.

Da indsamlingsarbejdet endelig var slut, trak vi os tilbage for at læse vores post hjemmefra.

***

Selvom vi ikke kunne sende nogen fysisk post, fik vi lov til at sende to korte radiobeskeder hver måned. For at reducere transmissionsvolumen blev beskederne sendt som standardsætninger ud fra en forberedt tal-liste. Vores familier havde så i det mindste chancen for at høre fra os. Mod slutningen af året erfarede vi, at selv disse radiobeskeder var blevet forsinket i flere måneder. Årsagen var sandsynligvis den faldende tilgængelighed af arbejdskraft, som følge af hjemsendelser efter krigens afslutning.

Dette var et af de mere uønskede aspekter ved at være så isoleret. Vi kunne mærke tiden glide afsted, og alligevel følte vi ikke, at vi var en del af omverdenen. I vores isolation var vi ved at tabe al fornemmelse af tid. Vi fandt dagene, ugerne og sågar månederne flydende langsomt sammen i en fortsat gentagende og tilsyneladende endeløs rytme.

Når vi blev informeret om en forestående postnedkastning, tog vores humør naturligvis en decideret optur. Postnedkastninger var hændelser, der brød igennem den tætte sky af ensformighed. Udover at hver eneste nedkastning bragte os tættere på hjemmet i form af breve, markerede de også endnu et målbart skridt mod afslutningen af året. Der var endnu en god effekt, og den bragte stor begejstring. Det var udsigten til at se et fly og kommunikere og vinke til dets besætning, som netop var fløjet helt op til os fra den virkelige verden.

Vi bemærkede, at en måned uden post gik ret nemt og hurtigt, men i løbet af anden måned uden fly, steg vores bekymringer. Den længste periode uden post var fire måneder, og vi opdagede, hvor kompliceret livet kan blive, når man er frustreret. Det var sværere at slappe af. Og vi spekulerede ofte på, hvor meget længere vi skulle leve sådan. Vi følte nogle gange, at hvis vi aldrig var blevet stillet i udsigt, at vi kunne forvente fly hver måned, ville vi nok have været bedre forberedt på den faktiske situation.

Fire måneder, der omfattede december til marts måned, var den længste prøvelse uden post. Vi forventede ingen flyvninger i perioden fra slutningen af december til begyndelsen af februar måned, da det var den korte tid med dagslys, og normalt med dårligt vejr. Det udelukkede de fleste muligheder for langdistance flyvninger op til vores område af Grønland. Fra begyndelsen af februar måned, og indtil der endelig blev foretaget en nedkastning den 3. april, levede vi i en tilstand af hurtigt voksende spænding og rastløshed.

Vi var konstant sultne efter nyheder om vejrforholdene på hovedbasen og på mellemliggende steder op langs Grønlands østkyst.

Der spejdes -forgæves- efter postfly

Vi oplevede det altid, som om der blev flyforsinkelser eller aflysninger på grund af dårligt vejr et eller andet sted langs kysten eller det, der var uendeligt meget værre: godt vejr, men uden fly til rådighed i Narsarsuaq.

Indtil da var denne lange periode af venten den mest anstrengende. Vores moral dalede for hver dag, der gik, og fordi vi på dette tidspunkt havde accepteret den tvivlsomme ære at tro, at hæren havde glemt os. Vi vidste, at alle mænd, der var udsendt, var vendt hjem, og at de få mænd, der var tilbage på hovedbasen, nu var regulære frivillige eller rekrutter. Af alle vejrstationer i den ottende vejreskadron, der betjente Nordatlanten, var vores den eneste, der kun var bemandet af personale fra hæren.

Derfor sendte McLane den 9. marts en radiomelding til den ansvarlige vejrofficer i hovedkvarteret:

> "Til distriktets vejrkommandant: Dette for at minde Deres kontor om, at det er over tre måneder siden, vi har modtaget post, og som et resultat heraf er moralen ekstrem lav. Er vi glemt heroppe? Fra WX."

Den nye løjtnant responderede med følgende melding:

> "Til WX: Forsikrer dig om, at dette kontor ikke har glemt din situation. Har forsøgt at arrangere flyvning i flere måneder, men hidtil uden succes. Jeg har ikke megen indflydelse nu. Vil gøre alt, hvad vi kan gøre for at fremme flyvning. Din station er nu kun under kommando fra dette kontor, indtil nye mænd ankommer. Vil informere dig om alle nyheder. Fra DWXCO."

Af beskeden kunne vi læse, at en premierløjtnant ikke kunne overtrumfe en oberst. Så den 11. marts sendte Mac en sofistikeret besked til oberst Rice, chef for Grønlands kommando:

> "Til Grønlands Kommando: Har været udgået for kaffe nu i to måneder, og teen vil snart være opbrugt. Kan De venligst informere os om den omtrentlige ankomstdato for nye forsyninger, så vi kan rationere teen tilsvarende? Fra WX."

Som svar sendte hovedkvarteret os den melding, vi virkelig havde anmodet om og håbet på:

"Til WX: En Charlie 54[60]er planlagt til at foretage nedkastning ved første lejlighed vejret tillader det. Te- og kaffeforsyninger vil blive leveret. Rice"

Denne besked blev sendt den 12. marts, så det viste sig, at vi stadig skulle vente tre uger på at se det realiseret. Men selve det faktum, at vi kendte til planerne om at forsøge en flyvning, mindskede vores bekymring for at "blive glemt", selvom vores interesse for vejrforhold langs Grønlands kystlinje steg betydeligt.

Den 30. marts modtog vi en behagelig overraskelse i form af følgende besked til McLane, vores Noncom in Charge (NCOIC)[61] fra Detachment Commandig Officer (DETCO)[62]

"Til NCOIC: I dag orienterede vi eskadrillen om, hvor længe I har været uden post, og de accepterer at lade breve fra Staterne blive sendt via AACS-radio[63]. Hver mand i enheden oplyser os navn og adresse på en person, som han fra nu af, og indtil båden ankommer, gerne vil modtage et månedligt brev fra. De personer, I navngiver, vil vi derefter informere om, at de har tilladelse til at sende et brev på 150 ord hver måneden. Breve vil blive sendt til mig og vil blive afsendt via radio herfra. Ville ønske vi kunne tillade flere ord, men jeg formoder, at dette er bedre end ingenting. Fra DETCO."

Denne plan blev fulgt resten af vores ophold, og som et resultat fik vores moral et tiltrængt løft. Vi behøvede ikke længere udelukkende at være afhængige af postnedkastninger for at få nyheder hjemmefra.

Og så den 2. april modtog vi netop den radiobesked, som vi spændt havde ventet på:

"I morgen, hvis vejret tillader det, ankommer der et fly til jeres vejrstation. DETCO."

Næsten med det samme kunne vi alle mærke stemningen i lejren ændre sig - til det bedre. Vi huskede, at vi før havde haft falske forhåbninger, men denne gang var vi alle sikre på, at der ville komme post. Alle formåede dog

---

[60] Charlie 54 (Douglas C-54 Skymaster) var et militært, 4-motors transportfly, der hovedsageligt blev benyttet af USA's hær, flåde og luftvåben i perioden 1942-1975
[61] Noncom in Charge er en underofficer, også kaldet en sergent eller korporal.
[62] Detachment Commandig Officer er en forsyningsbefalingsmand.
[63] AACS: The Army Airways Communication System

at begrænse sine følelser. Ved middagen udbrød Dutton afslappet: "Ja, alle er virkelig spændte." Selv om vi inderst inde var spændte, turde vi, for en sikkerheds skyld, ikke skrue vores forventninger for højt op igen.

Hvis vi overhovedet sov den nat, var det meget uroligt og forventningsfuldt.

Næste dag, den 3. april, var vi glade for at se himlen lidt mere blå og klarere, og luften en smule renere end de foregående dage. Sådan så det i hvert fald ud. Dette var dagen med POSTNEDKASTNING.

Efter et par timers monitering af flyenes radiofrekvenser, begyndte vi så småt at fornemme en kvalmende frustration over at indse, at der endnu en gang ikke ville blive noget post til os den dag. Der var fly, der fløj ind i Ikatek, 800 kilometer sydvest for os. Men de fly var ikke af den type, der ville kunne klare flyveturen op til vores station.

Omkring klokken et om eftermiddagen opfangede vi endnu et fly på radiofrekvensen. Det var et C-54 transportfly. Efter at have lyttet et par minutter hørte vi radiomanden om bord på flyet give deres destination til tårnoperatøren i Ikatek: Hvalrosbugten!!

Selvom det forventede ankomsttidspunkt (ETA[64]) stadig var omkring fem timer forude, fortsatte de af os, der var i operationsrummet, med at ringe til de andre. Vi vækkede endda nogle, der tilfældigvis sov, for vi vidste, at de ikke ville gå glip af noget. Der var ikke rigtig noget at gøre før nedkastningen undtagen at vente, men ingen af os ønskede at gå glip af noget på radioen.

Så snart flyet havde passeret Ikatek, etablerede vores radiooperatør kontakt med piloten. I de næste par timer steg spændingen. Nogle af mændene opholdt sig i operationsbygningen sammen med radiooperatøren, mens andre blev i messen og lyttede med på det ekstra radiosæt.

"Walrus Bay[65] Airways, Walrus Bay Airways. Her er Army 2614, skifter"

"Hallo Army 2614, her er Walrus Bay Airways. Kom ind"

---

[64] ETA: Estimated Time of Arrival
[65] Walrus Bay – Hvalrosbugten.

"Hallo Walrus Bay. Vores ETA er 18.30 Zebra[66]. Har du den seneste vejrudsigt for Walrus Bay? Skifter"

"Modtaget, Army 2614. Vores vejr klokken 13.00 Zebra er: Klar himmel, temperatur minus 9 grader, dugpunkt minus 11 grader, vind fra nord-nordøst med 4,5 knob. Højdemålerindstillingen er 29,67 tommer. Der er en tågebanke, der strækker sig til 5.000 fod ved indflyvningen til Scoresby Sund. Skifter."

"Modtaget Walrus Bay. Army 2614 afventer."

"Walrus Bay afventer."

Minutterne blev langsomt til timer, og viserne på vores ure nærmede sig gradvist det forventede ankomsttidspunkt. Piloten havde rapporteret en ETA på 18.30. Vores ure viste endelig 18.00..., derefter 18.05..., 18.10..., 18.15...

Vi havde gjort klar til at indsamle forsyningerne med snejeep og hundehold. Mange lokale var i lejren for at hjælpe med deres hundeslæder. Nogle af os begyndte at samles uden for operationsbygningen og kiggede mod syd. Men det eneste synlige objekt var de nu alt for velkendte barske bjerge på Kap Brewster og tågebanken ved indflyvningen til Scoresby Sund.

Pludselig skrattede radioen igen.

"Hallo Walrus Bay, hallo Walrus Bay. This is Army 2614. Vi er netop fløjet in over Scoresby Sund og vi burde være et sted syd for jeres station. Skifter"

"Modtaget Army 2614. Vi kigger efter jer!"

---

[66] Zebra-tid (siden ca. 1950 benævnt "Zulu") - eller UTC bruges inden for bl.a. flyvning for at sikre ens tid ved operationer, der f.eks. strækker sig over flere tidszoner. Betegnelsen Zulu stammer fra GMT, som benævnes ved et **Z** for zero-time (nul-tid). I forbindelse med radiokommunikation er bogstavet så blevet til "zulu".

Uden for bygningen stirrede alle mod syd! Og så var der en, der råbte: "Der er hun! Lige over det store isbjerg! Fortæl ham, at han er for langt ovre!"

Radiomanden kaldte straks flyet:

> "Hallo Army 2614, her er Walrus Bay. Vi har dig netop i sigte! Du passerer for langt mod vest. Drej 90 grader til højre, NU!"

> "Hallo Walrus Bay. Vi har jer i sigte, og nu skulle vi have den rette kurs. Vi foretager en overflyvning, og derefter påbegynder vi nedkastningerne i det område, I har markeret. Skifter."

> "Modtaget, Walrus Bay afventer!"

De af os, der ikke var nødvendige i operationsrummet, drog i retning mod nedkastningsområdet, der var markeret med en lys faldskærm på stranden, lige syd for stationen. Vi kunne se flyet som en lille plet, der blev større og større. Snart blev stilheden i Arktis brudt af de fire motorers brummen, og efterhånden som flyet gik lavere og kom stadig tættere på, ændrede denne

Endelig kom der fly – første overflyvning

brummen sig til et brøl. Kulminationen på mange måneders venten var deroppe i himlen, og nærmede sig os med 300 kilometer i timen.

Da flyet passerede over stationen, besvarede vi pilotens vinken fra cockpittet og fra besætningsmedlemmerne, der stod i den åbne luge. Prøveindflyvningen blev afsluttet, og vi ventede alle på, at flyet skulle fuldende sin cirkel over fjeldene nord for stationen for at vende tilbage over fjordisen og komme ind til den første nedkastning.

Vi kiggede uden at blinke på C-54 "Skymaster", da den kom ud af sit drej og påbegyndte den første overflyvning. Snart var den over nedkastningsområdet i omkring kun 60 meters højde, og vi så med stor forventning og glæde efter de første kasser, der blev smidt ud af sidelugen. Piloten ville give signal til at frigive forsyningskasserne. Det gjaldt så for os, om ikke at stå i vejen, når de landede med faldskærmen.

Pludselig væltede den første container ud af flyet, og så snart den statiske ledning havde åbnet faldskærmen, fulgte endnu en. De lyserøde eller

Første nedkastning

grønne faldskærme bar hurtigt pakkerne til den snedækkede jord og kollapsede derefter i farvestrålende pletter. Der gik kun sekunder, før nogle af os var på stedet for at koble remmene af og læsse forsyningerne på hundeslæderne. For hver af flyets passager blev to eller tre containere nedkastet. Vi og de lokale arbejdede hurtigt på at holde området frit, samtidig med at vi holdt øje med andre containere, der dalede ned i dropzonen.

Da alle faldskærmsnedkastningerne var foretaget, blev der givet advarsel til os fra operationsbygningen om, at postsækkene var klar til at blive nedkastet i frit fald. Det betød dobbelt årvågenhed, da der kun ville være ringe mulighed for os at komme af vejen for en postsæk, hvis den kom for tæt på. Alle tasker landede heldigvis "sikkert" med et kraftigt bump på sneen. Med "sikkert", menes der, at ingen af os blev ramt, men mange skrøbelige genstande i poserne gik ofte i stykker, når de ramte jorden.

Efter den sidste postsæk var blevet kastet, signalerede en sidste lav overflyvning med et "buuzzz", at operationen var afsluttet. Flyet, som havde været over vores station i omkring en time, fløj tilbage mod syd.

Opsamling af containere og postsække

Himlen over vejrstationen var igen stille, og himlen mod syd var igen uden fly.

Aktiviteten på jorden fortsatte dog i yderligere et par timer. Forsyningerne skulle tjekkes og posten sorteres.

Til sidst blev der usædvanlig stille i lejren, da vi hver især trak os tilbage med vores personlige breve. Vi var stadig alene og ret isolerede. Men midlertidigt havde vi i det mindste trøsten og lettelsen ved at læse nyheder direkte hjemmefra.

Denne gang modtog jeg 220 breve. Jeg læste dem fra klokken 11.30 den aften og indtil klokken 4.30 om morgenen.

Fire måneders venten var lang tid, og vi forsøgte alle, så godt og hurtigt som muligt, at genvinde de tabte måneder.

I vores post var der dog nogle foruroligende nyheder. Vi modtog nu beskeder om venner eller slægtninge, som på dette tidspunkt var blevet hjemsendt fra militærtjeneste. Vi følte for alvor virkningen af vores isolation og manglende muligheder for at blive hjemsendt. Påvirkningerne af isolationen gik endnu dybere ind i os!

Den 10. juni, blot ni uger senere, modtog vi endnu postnedkastning af en C-54.

Seks uger senere, den 20. juli, modtog vi vores sidste og uventede nedkastning. Endnu en gang med en B-17. Det var ved midnatstid, og solen skinnede. Vi kunne ikke lade være med at sammenligne denne situation med nedkastningen sidste december måned, hvor nedkastningen også skete ved middagstid, men uden sol.

Denne nedkastning kom så hurtigt efter den forrige, at vores håb om snarlig afgang, tog en decideret optur. Vi fik at vide, at en kystvagtofficer var ombord på flyet for at observere isforholdene i havet og kigge efter åbne områder i storisen, så skibet kunne nå frem og hente os.

Derefter forventede vi ikke flere nedkastninger. Vi ventede nu på skibet.

Hver dag.

Kapitel 8 – Hjemrejse

Perioden med konstant dagslys gradvis opslugte os, og vores tanker centrerede sig naturligvis om muligheden for en tidlig ankomst af skibet. Vi mente ikke, at vintertemperaturerne havde været for strenge og havde et naivt håb om, at et gennemsnitligt forårs tøvejr ville smelte isen på havet og på fjorden tidligere end normalt.

Indbyrdes foretog vi forskellige væddemål. Det kunne for eksempel være: Datoen for fjordisens opbrud, datoen for søens opbrud og datoen for skibets ankomst. Til alles forfærdelse skete der det, at de mest pessimistiske vandt. Heldet smilede ikke til os angående tidligt tøvejr, idet de gennemsnitlige daglige temperaturer i det tidlige forår nogle gange var hele ti grader under normalen for den aktuelle dato.

Desuden var vi godt klar over, at nogle år brød isen slet ikke op, og ingen skibe kunne komme ind i fjorden! Men vi turde ikke engang overveje dette, som en mulighed.

Fra den 7. maj startede tøvejret, og isen smeltede gradvist. Nogle dage kunne vi se et mærkbart fald i højden af snedriverne omkring bygningerne. Nu og da dukkede der ting op, som havde været dækket af driver siden det første snefald i begyndelsen af september måned, ni måneder tidligere. Vi blev ofte overraskede ved det første syn af disse genstande, for vi havde som regel helt glemt deres eksistens.

I denne periode med tøvejr, blev gåture og almindelige rejser nu vanskelige, og endda nogle gange farlige. En tur hen over sneen bevirkede ofte, at man traskede fremad og pludselig sank i til knæene. Snesko og ski var næsten ubrugelige, fordi den våde sne klæbede sig til udstyret og tilføjede os ekstra vægt. En tur over isen blev nogle gange til en dukkert i det iskolde vand. Næsten hver eneste af os faldt gennem isen på de nærliggende elve mindst én gang. Vores knæhøje støvler eller kamikker var altid det mest praktiske fodtøj.

For at smeltevandet fra sneen kunne løbe væk fra lejren, gravede eller skrabede vi smalle grøfter. Alligevel samledes der sig vandpytter på de laveste steder, og det skabte mange uønskede sumpe. Vandet trængte ikke ned i jorden på grund af permafrosten, og med disse vandpytter kom sværme og atter sværme af ynglende myg.

For at kunne passere de største vandpytter lagde vi planker og brædder mellem bygningerne.

Mudderet bevirkede, at vi begyndte at slæbe betydelige mængder snavs fra vores støvler med ind. I løbet af vinteren var det i det mindste blot sne, som efterlod større mængder vand på gulvet. I begyndelsen af juni fandt vi nogle gulvskrubbebørster og sømmede dem fast på gulvet ved indgangen til bygningerne, så vi kunne skrabe mudderet af vores støvler. På den måde var det lidt lettere at holde gulvene rene.

Med sneens smeltning kom mudderet.

I midten af juni måned kunne vi gå mellem de fleste bygninger på den bare jord, uden at træde i snedriver. Alligevel oplevede vi til tider let snefald i juni måned og endda ind i midten af juli måned. Normalt fik vi regn sammen med blæst i den periode.

Vi var overraskede over vores reaktion på det varmere vejr. I slutningen af april, da termometeret steg til et niveau over 6 grader minus, begyndte vi at føle os utilpas med ovnene tændte om dagen, så vi slukkede dem. I løbet af maj, hvor termometeret konsekvent gik et par grader over frysepunktet, smed de fleste af os det uldne undertøj. (Lunceford fortsatte dog med at bære hans, indtil vi kom tilbage til USA i august måned.) Vi oplevede en forandring i den måde, vi nu oplevede temperaturerne på i forhold til den første måned i Grønland året før.

I april, da hjemsendelsesdatoen stadig var langt ude i fremtiden, modtog vi en besked fra hovedkvarteret. De meddelte os, at der var en lille chance for, at vejrmændene kunne blive hjemsendt med det samme og få arbejde i den civile luftfartstjeneste. Vi besluttede os imidlertid for at gå imod denne diskriminerende plan, og anmodede om, at vi alle blev hjemsendt eller slet ingen. Det viste sig imidlertid senere, at hærens regler ville have udelukket denne plan i at blive gennemført. Beskeden gjorde dog et positivt indtryk på os, idet det viste, at hovedkvarterets personale i det mindste tænkte på vores situation, og forsøgte at være hjælpsomme.

1. juni markerede begyndelsen på den sværeste ventetid. Vi havde hele tiden vidst, at før denne dato kunne skibe ikke bryde igennem de kilometer lange barrierer af storis. Der var dog en mikroskopisk chance for, at isen ville begynde at svækkes, men den langsomme tø sløvede imidlertid snart vores håb, og vi fortsatte vores rastløse vagt.

Vores hovedbeskæftigelse ændrede sig fra at være tanker om flynedkastninger til håbet om et nødhjælpsskib. Vores radiooperatører anmodede ikke længere kun om flyvevejr ned langs kysten. De bad nu også om oplysninger om, hvor der befandt sig kystvagtskibe og forsyningsskibe, der eventuelt kunne beordres til at foretage rejsen op til vores station.

Vores håb steg og faldt i overensstemmelse med de skiftende rygter, der blev videregivet til os af radiooperatørerne på hovedbasen. En dag blev vi usædvanligt forventningsfulde, da vi uofficielt blev informeret om, at et skib havde forladt havnen ved Narsarsuaq, men da vi ikke modtog nogen besked fra hovedkvarteret, der kunne fortælle os, at noget skib var på vej, faldt vores håb hurtigt og endda til endnu lavere niveau end før.

Spillet om ventetiden blev ved og ved. Daglige temperaturer nåede nu omkring nul grader.

Den 20. juli fik vi endelig nogle seriøse oplysninger i stedet for formodninger, da en B-17-besætning sidst på aftenen uventet kaldte os op. De var et par hundrede kilometer sydpå langs kysten og informerede os om, at de skulle aflevere post og forsyninger. Denne nedkastning kom kun små seks uger efter den foregående, og vi kunne ikke undgå at tro, at et andet formål med flyvningen var at undersøge isforholdene. Dette blev bekræftet, da piloten informerede os om, at en kystvagtofficer var med på flyet som observatør.

Det allersidste postfly

Efter nedkastningen var fuldført, og flyet drejede mod syd, blev vores håb forstærket med viden om, at datoen for skibets ankomst ikke kunne være langt væk.

Et par dage efter denne postnedkastning, og netop på det tidspunkt, hvor vores forventninger begyndte at blive høje efter nyheder om en bestemt afrejsedag, svigtede vores kommunikation med omverdenen. Vi fik et fuldstændigt radioblackout. Ingen transmissioner kom ind eller ud. Dette problem skulle gerne løses hurtigt, for årets store begivenhed - hjemsendelse - kunne ikke finde sted før. Der skulle gå næsten to uger.

Før vi skulle have fornøjelsen af at se vores skib komme ind i fjorden, måtte vi den 29. juli være passive vidner til, at det danske sejlskib GODTHAAB, der med dampmaskine som hjælpemotor, anløb Scoresbysund. Det kunne ikke lægge til ved kajen i selve byen på grund af den stadig tykke is, så kaptajnen ankrede ud for Kap Tobin. Ejnar Mikkelsen, som var den danske inspektør for Østgrønland, den nye bygdebestyrer (bygdebestyrer Høegh trak sig tilbage) og en besøgende dansk sygeplejerske, blev alle bragt i land ved Kap Tobin.

Skibet vendte derefter om og sejlede nordpå til Eskimonæs for at forsyne stationen der. Det skulle senere på sommeren vende tilbage og forsyne landsbyen under gunstigere forhold.

Vi var forbløffede ved tanken om, at et halvtreds år gammelt sejlskib kunne bryde gennem isen før en moderne kystvagt-isbryder, der var udstyret med alle de nyeste metoder og hjælpemidler til isbrydning. Vi var frustrerede, stadig alene og stadig uden information om, hvor vores eget skib befandt sig.

Det viste sig, at vi ikke skulle vente længe, før vi modtog den oplysning.

Den 30. juli 1946 startede stille, roligt og normalt, uden noget forvarsel om, hvad der skulle ske. Horton, Steward og jeg var i operationsbygningen og udførte vores respektive pligter. De andre mænd sov stadig i barakken efter en noget sen og urolig nat. Radioens blackout havde stadig sin kontrol over os, men Steward forsøgte at fange en ekstern station. Selvom en tyk tåge slørede vores udsigt over Kap Brewster, kunne vi se, at fjorden stadig var tyk med urokkelig is. Ovenover os var himlen klar, men vi interesserede os ikke så meget for klar himmel, som for en klar fjord.

Jeg havde travlt med at gøre klar til eftermiddagens RAWIN-opsendelse, og Horton var optaget af forberedelserne til radiosonde-opsendelse. Vi var begge uvidende om Stewards anstrengelser ved radioen, indtil den lave brummen fra Cortzens langbølgesender inde fra landsbyen hørtes i højttaleren. Det indikerede for os, at Cortzen og Steward udvekslede beskeder. Kort tid senere brød Steward sin tavshed og fortalte os, hvad der var sket.

Han havde ikke held med at få radiokontakt med andre stationer, og havde derfor kaldt Cortzen på langbølgcfrekvensen for at høre, om han havde bedre held. Det viste sig, at Cortzen i nogen tid havde forsøgt at kalde os, men Steward havde ikke lyttet på denne specifikke frekvens. Cortzen havde RIGTIGE nyheder til os.

Mens vi ventede, fortsatte de daglige pligter og rutiner.

Kystvagtens isbryder, STORIS var lige uden for Kap Brewster, men sad fast i tyk is og tåge. Dens radar var brændt sammen, og navigatøren kunne ikke fastslå skibets position. Radiooperatørerne havde forsøgt at række os, men blackoutet forhindrede alle deres forsøg på kortbølge-frekvenserne, og de vidste, at vi ikke plejede at være tunet ind på langbølge-frekvenserne. Til sidst fik de fat i Cortzen på langbølgesenderen og takket være ham, etablerede de til sidst kontakt med Steward og vores station.

Med denne store nyhed var vi nødt til at vække de andre. Ingen af os kunne gøre noget for at bringe skibet hurtigere ind, men vi var sikre på, at de også gerne ville høre nyheden, så hurtigt som muligt.

Straks ændredes atmosfæren sig på stationen. Væk var anspændtheden og de frustrerede udsigter. Glemt var de faste tidsplaner, inklusive vejrmeldinger og ballonopsendelser. Der blev end ikke serveret flere måltider på klokkeslæt, for vi var for spændte til at spise efter en fast tidsplan.

I løbet af dagen udsendte den vagthavende radiooperatør med jævne mellemrum et målsøgningssignal på lavfrekvensradioen. Det skete for at sætte navigatøren ombord på skibet i stand til at fastsættelse skibets position. Spændt ventede vi på deres plan. Efterhånden som vi udpegede ruten, blev det muligt at lave et groft skøn over ankomsttiden. Vi satsede på middagstid den følgende dag.

Selvom vi alle var trætte af dagens aktiviteter og spænding, sov vi meget let denne nat. Om morgenen den 31. juli, dækkede disen stadig de fjerne bjerge i Kap Brewster, men skibet var allerede inde i selve fjorden. STORIS var endelig i sigte, og ved ti-tiden kunne vi se det tydeligt. Dets gennemsnitlige hastighed på cirka 7 kilometer i timen gennem den kompakte is, bragte det stadig tættere på os.

Nogle af os samledes på stranden for at se - og vente. Endelig kom skibet så tæt på land, som kaptajnen vovede at nærme sig. Omkring 500 meter, så lod han ankeret kaste. Der måtte beregnes en vis rum tid til at manøvre på grund af faren for isskruninger i fjorden. Root, Dutton og Steward stak af i jollen og formåede efter lidt besvær at ro gennem området med tyk pakis tæt ved kysten. De nåede skibet og klatrede op ad lejderen for at blive budt velkommen på dækket. Det havde medlemmer fra vejrstationen også gjort året før. Vores år med isolation var endelig forbi. Vejen hjem var så småt begyndt.

Inden for en time eller deromkring kom besætningsmedlemmer i land for at påbegynde arbejdet. Vi var uforberedte på de ændringer, som demobiliseringen havde forårsaget i de væbnede tjenester. Ombord på skibet var nu uerfarne og udisciplinerede soldater. Størstedelen af det tiltrådte personale var unge og brave mænd, der ikke var villige til at acceptere den hårde disciplin.

**

Længe ventet gensyn med STORIS. Denne gang for at hente os

Da vi først begyndte at tale med mændene fra skibet, blev vi glædeligt overraskede over at opdage, at de alle forstod hvert ord, vi sagde. I løbet af vores første et år lange samvær med de lokale, havde vi vænnet os til kun at tale med mændene i vores egen gruppe på elleve. Nu havde vi svært ved at tro på, at nogen andre rent faktisk kunne forstå os. Dette var den første åbenbaring ved vores tilbagevenden til civilisationen.

De syv danskere, der afløste os, var særlig opmærksomme. Vi havde året før været ivrige efter at finde ud af, hvad der mon ventede os af oplevelser. Det samme for disse mænd. Vi fortalte dem sandheden, men for underholdningens skyld, malede vi et virkelig barskt og ofte overdrevet billede af livet ved forposten.

I løbet af én bestemt samtale overgik nogle af skibets besætningsmedlemmer os dog.
Vi vidste, at mange besætningsmedlemmer på kystvagtens Nordatlantiske patruljeskibe gjorde tjeneste netop der på grund af disciplinære årsager. De var således tildelt denne tjeneste som disciplinær foranstaltning. Et af besætningsmedlemmerne spurgte os: "Hvad i alverden har I dog gjort galt,

for at blive sendt til dette gudsforladte sted?" Da vi svarede, at vi faktisk havde meldt os frivilligt, troede de os ikke.

Den syv mand store danske besætning, der ankom for at afløse os.

Det store arbejde med at losse forsyninger og udbedre stormskaderne på bygninger og antenner var i gang. Nogle dage fortsatte arbejdet til langt ud på nattetimerne. Ingen forsinkelser, fordi tiden med varmt vejr var begrænset, og vi havde allerede oplevet den kommende frost.

Allerede den første aften begyndte en kraftig vind at blæse. Det skete netop, som vi startede på opgaven med at losse dieselbrændstof fra skibet til lagertønderne, der stod i skuret uden for garagen. Det gik langsomt, da rørledningen fra skibet kun nåede til stranden, og det blev nødvendigt med bilen, til at trække de fulde tønder resten af vejen op til lejrområdet.

Om aftenen besluttede nogle af os, der skulle arbejde tidligt den følgende dag, at gå i seng omkring midnat og lade de andre mænd fortsætte arbejdet. Vi vågnede få timer senere, og blev mødt af et syn, som allerede var blevet bevidnet af de mænd, der havde arbejdet natten igennem.

Fjorden var praktisk talt fri for is, og kun få store isbjerge var tilbage. Den kraftige vind hen over den svækkede is, havde brudt den op og drevet den til havs. I et stykke tid var is på fjorden i hvert fald ikke et problem.

Inden for et par dage var de fleste af os forkølede. Under vinterens kolde temperaturer overlever bakterier ikke i Arktis, og derfor mistede vi vores immunitet. Da vi så endelig blev udsat for andre mennesker, blev vi meget let forkølede, nøjagtig som vi var advaret om.

Vi overlod barakken til danskerne og flyttede ombord på STORIS. Nu nærmede tiden sig, hvor vi skulle forlade Hvalrosbugten.

En del af det bygningsarbejde, der var i gang, var et nyt lille ottekantet hus til RAWIN-stativet med varmelegeme. Danskerne skulle ikke udsættes for de barske vejrforhold, som vi havde være udsat for, når de skulle opsende vejrballoner.

En aften bad kaptajnen, der var ansvarlig for arbejdet i land, os om at fortsætte arbejdet på denne nye bygning, fordi tiden var ved at løbe ud. Vi fortalte ham imidlertid, at vi skulle til landsbyen til en sidste afskedsfest med vores lokale venner. Han var naturligvis rasende over, at vi ikke adlød hans ordrer. Til gengæld blev vi overraskede over vores egen dristighed og ulydighed. Vi kom tilbage i de tidlige morgentimer, og gik i gang igen. Projektet blev afsluttet inden kaptajnen kom i land.

Den 8. august var det meste af bygge- og reparationsarbejdet afsluttet, og vi blev adviseret om at stå klar til afgang den følgende dag. Vi havde gjort, hvad vi kunne, for at instruere danskerne i alle spørgsmål om driften af stationen, og nu skulle stationen endelig lægges i deres hænder. Vi var nu en del af fortiden.

Stående på dækket af STORIS gik vores tanker til hele scenariet i land. For blot et år siden havde vi stået derinde og set netop dette skib sejle mod sydlige destinationer. Et år kan være meget langt. Meget kan ske i løbet af den tid, og alligevel er der tider, hvor der absolut ingenting sker. Vi forestillede os scenariet, set fra land, og var glade for, at vi ikke havde flere forpligtelser med ballonopsendelser, vejrobservationer hver time eller radiotransmissioner. Vi fornemmede følelsen af, at vi levede i et overgangsstadium mellem to verdener - den ene stadig langt væk og indtil nu kun en drøm, den anden for nylig, men fra nu af kun et minde.

***

Båden bevægede sig. Endnu en gang kunne vi mærke motorernes pulserende banken gennem vores kroppe. Vi følte os ikke længere fastholdt til stedet med de begrænsede grænser. For hvert motorslag og efter hver dønning vi passerede, følte vi os tættere og tættere på hjemmet.

Bygningernes konturer på kysten faldt hurtigt sammen med de snedækkede fjeldtinder i baggrunden. Vores skib passerede landsbyen, Scoresbysund, og kaptajnen gav den sædvanlige afskedsfløjtesalut. I takt med at vi fortsatte med at sejle mod Scoresby Sunds munding, blev selv vante træk ved landskabet, som vi havde været så fortrolige med, svære at identificere. Blot et par kilometer ude kunne vi ikke længere se lejrpladsens bygninger. Vi indså nu hvor utroligt, det havde været, at piloterne ved postnedkastningerne kunne identificere os så let og hurtigt.

Hvalrosbugten forsvinder langsomt i horisonten

To timer efter at vi havde lettet anker ved Hvalrosbugten passerede vi Kap Brewsters glatte klipper og løb ind i de bløde dønninger på det åbne hav - fri for is. De sidste rester af velkendte landskaber gennem det seneste år forsvandt bag agterstavnen.

Vores oprindelige destination var Kangderlugssuak, omkring 400 kilometer ned ad kysten. Normalt ville dette kun have været en endags tur for STORIS. Ved 18-tiden havde vi tilbagelagt en tredjedel af distancen, og var i god tid. Så, pludselig nåede vi udkanten af et område med drivis, der skulle hæmme vores sejlads i mere end tre dage. Vi havde ingen mulighed for luftobservation for at søge efter et åbent spor gennem isen, så al navigation og søgning var i kaptajnens hænder.

Denne drivis var ikke en, som STORIS let kunne passere igennem. Kampen mellem skibet og drivisen udviklede sig hurtigt til en række konfrontationer med store isflager. STORIS kunne passere is i op til en meters tykkelse. Denne is var næsten tre meter tyk, og skibet måtte sejle på en zigzag-kurs, så det kunne skubbe de enkelte isflager til den ene eller den anden side. Jeg fandt ud af, at STORIS betyder " floating mass of closely crowded icebergs and floes". Et passende navn.

Det gik kun langsomt fremad i den tykke drivis.

Det skete til tider, at tidevandet klemte isen så tæt sammen, at skibet ikke havde mulighed for at bevæge sig nogen steder. Kaptajnen forsøgte ved en lejlighed at bane vej til en åbning tæt på den bjergrige kystlinje. Åbningen lukkede sig desværre, og tidevandet bragte os tættere på kysten. Selv vi blev bekymrede. På det tidspunkt blev al maskinkraft fra de tre motorer sat ind på at flytte skibet væk fra vores usikre position. Vi begyndte alle at spekulere på, om pladerne og sømmene i skroget kunne holde til de øgede stød og belastninger.

Besætningen informerede os også om, at en midlertidig reparationsplade, der dækkede en del af stævnen, havde lidt skade, som følge af en kollision med et isbjerg på turen op til Grønland. Derfor kunne vi ikke undervurdere den tykke drivis.

Turen gav rigelig lejlighed til at reflektere over de forløbne 12 måneder.

Den 13. august om morgenen kom vi endelig fri af isen, og alle de lyde og vibrationer, den skabte.

Vi gik ovenpå for at observere det forholdsvis isfrie vand i Kangderlugssuak fjord. Vores kamp for at komme ind i fjorden var vellykket. Det eneste vi skulle bekymre os om herefter, var at komme ud igen. De fem danskere skulle overtage vejrstationen, og hvad de tænkte på, angående deres chancer for afløsning året efter, kunne vi kun gisne om. Vi spurgte dem ikke.

Vores reparations- og forsyningsarbejde på "K+"[67] forløb hurtigt, så om morgenen den 16. august var vi på vej ud af Kangderlugssuak fjords smalle vand. Vi var noget betænkelige ved tanken om de isforhold, som vi kunne støde på undervejs ned langs kysten. Vi ville ikke have hilst velkommen til

Losning af reparationsmaterialer og forsyninger i Kangderlugssuak (K+)

noget, der lignede det, vi lige havde været igennem. Vi var alle ivrige efter at få overstået turen til hovedbasen i Narsarsuaq, og vi ønskede ikke flere forsinkelser.

---

[67] Grønlandske stednavne kan have mange bogstaver og være svære at udtale. Derfor var det, og er stadig til en vis grad, almindeligt at bruge udtrykket "K+" om f.eks. Kangderlugssuak, så længe det var indforstået, hvilket stednavn, man talte om. Desuden blev denne betegnelse også påmalet f.eks. et hustag, således flyene fra luften kunne se, hvilken by/base, de passerede.

Heldet var med os. Den forventede drivis kom aldrig ind i billedet, og vi var snart i det åbne hav igen. Vores rute var dog blevet ændret til at inkludere Reykjavik som et optankningsstop, så vi sejlede mod øst. Vi fandt dog senere ud af, at selv om skibet sandsynligvis trængte til tankning, og skibets besætningsmedlemmer var ivrige efter landferie, var hovedårsagen til omlægning af ruten at aflevere Ejnar Mikkelsen, den danske embedsmand i Grønland, som vi havde fået ombord i Scoresbysund.

Vores muligheder for landudflugter i Reykjavik var ved denne lejlighed ret begrænsede, da kaptajnen kun tillod et to-dages ophold, før vi startede den sidste del af sørejsen til Narsarsuaq. Vi var utålmodige efter at komme dertil og derfra videre hjem, så vi var ligeglade.

Reykjavik havde ikke ændret sig overhovedet siden vi var der året før, så det lykkedes ikke at imponere os denne gang. Vores tanker var stadig

Lækjagata med monument af Hannes Hafstein til højre

centreret om vores hjemlige egne. Det korte ophold havde dog en fordel: Vi lagde mærke til, at de islandske blondiner stadig var talrige og tiltalende at se på. Endnu mere end på vores forrige ophold..!

Vi havde to andre oplevelser under vores ophold i Island, og begge helt uventede. Først og fremmest undrede vi os ved brændstofdokken i en nærliggende fjord, hvor bjergene fremstod så forskellige fra dem i Grønland. Det gik således op for os, at vi slet ikke havde set noget grønt i naturen under vores ophold nordpå. Farven virkede så forfriskende sammenlignet med den golde brune farve på klipperne i Grønland. Efter vores første tur rundt i byen, oplevede vi at få ondt i benene. Vi tilskrev disse smerter som værende virkningen af at gå på hårde fortove. Joh, vi blev gradvist genindført i civilisationen.

Om morgenen den 22. august afgik vi til hovedkvarteret i Narsarsuaq, Grønland, også kendt som BW-1, som står for "Bluie West One"[68]. Tre dage senere, efter en begivenhedsløs og nogenlunde stille sejlads, ankom vi til indsejlingen til den lange fjord, der fører til basen. Vi kunne dog ikke se bjerge langs fjordens sider, da vi var indhyllet i en tyk tåge. Skibets radar virkede stadig ikke, så det gik kun langsomt fremad. Omkring midnat så vi lysene fra havneområdet. Den første fase af vores rejse hjemad var endelig afsluttet.

***

Skibets besætning og soldaterne om bord havde lyttet til vores lange historier om den endeløse og forsinkede transport fra Scoresby Sund, men vi følte ikke, der var den store medlidenhed at spore. Derfor var vi også sikre på, at modtagelsen på basen ville være uden nogen fanfare. Vi blev dog hurtigt klar over, at basepersonalet var informeret om vores oplevelser, og alt var gjort klar til vores hurtige og komfortable transport tilbage til USA.

I de tidlige morgentimer, mens de fleste i basen stadig sov og var uvidende om vores ankomst, læssede vi vores tasker af fra STORIS. Vi gik hurtigt i land, for skibet havde netop modtaget ordre om at afgå et par timer senere

---

[68] Bluie er fornavnet på amerikanske baser, landingsbaner og vejrstationer i Grønland under Anden Verdenskrig. Bluie West betegner baserne på Grønlands vestkyst, og Bluie East på Grønlands østkyst

til en anden mission og en ny base, der var under etablering ved Thule, på vestkysten, (Thule skulle senere blive den største hjørnesten i vores luftforsvars varslingssystem under den kolde krig).

Hovedkvarteret, BW-1 i Narsarsuaq, august 1946

Løjtnant Stonebreaker, Vejrhovedkvarterets befalingsmand, mødte os. Han fortalte, at et C-54 fly var på vej op for at yde os speciel transport til Mitchel Field, N.Y., hvor general Gaffney, chefen for lufttransportkommandoen (ATC), nordatlantiske division, ville møde os. Vi skulle modtage hærens medalje for vores forbilledlige tjeneste på vejrstationen.

Denne uventede nyhed mindskede vores frygt for enhver forsinkelse af hjemrejsen. Flyet var ved Goose Bay, Labrador, hvor det undergik en propelreparation. Men det skulle afgå ved de første udsigter til godt vejr. I mellemtiden havde vi en hel dag forude, hvor vi skulle forberede turen hjem.

I løbet af dagen den 26. august færdiggjorde vi vores papirarbejde, men meget af det var allerede færdiggjort på forhånd. Vi gennemgik fysiske undersøgelser, blev klippet, og fik en ny udgangsuniform. Vi fik alle syet striber på, fordi vi flere gange i løbet af året var blevet forfremmet til nu at have rang af stabs- eller oversergenter: Mac og Kelso blev seniorsergenter, fordi de allerede var oversergenter.

Vi fik også udleveret slips. Slips! Uff! Endnu et skridt tilbage til civilisationen og den rigtige hæruniform. Men vi ræsonnerede, at det var det værd.

Root kom tilbage til barakken sidst på dagen og fortalte os grinende om en hændelse, han lige havde haft. Han gik langs hovedgaden og uden sit slips. En major stoppede ham. Samtalen, der var envejskommunikation fra majorens side, lød noget i retning af: "Hej soldat, kom her! Hvor er dit slips? Åh, er du ikke en af mændene, der lige er kommet tilbage fra Hvalrosbugten? Nå, det er en fornøjelse at møde dig. Det ville vist ikke nytte noget at fortælle dig, at du skal have slips på, vel? Held og lykke til dig."

Efter så mange, lange og frustrerende måneder, var det godt, endelig at mærke fordelene ved at nyde et særligt privilegium. Uanset hvor vi gik, fik vi stor opmærksomhed og hjælp. Det så ud til, at alle ville høre om vores oplevelser og være en del af dem. Da dagen endelig var ovre, var vi trætte, men vi var også glade for, at vi nu endelig var kun få timer fra at skulle forlade Grønland.

Den dag, et par minutter efter klokken 10 om aftenen i det falmende tusmørke, landede vores C-54 transportfly. Vi stod ved kanten af landingsbanen, da den ankom. Impulsivt råbte vi: "Der er hun!" Vi gik derefter i seng for at slappede af og vente på næste morgens komme.

***

27. august 1946 - klar til ombordstigning.
Øverst: Dutton, West, Lunceford, Filson, Kelso, Root.
Nederst: Horton, Underhill, Cauthen, McLane, Steward.

Den følgende dag, den 27. august, ved middagstid, var vi endelig på flyet og forberedte os på take-off. Øjeblikket, som i over et år havde været vores drøm, blev nu virkelighed. Da vi taxiede til startbanen, greb vi en sidste vemodig chance for at se ud på det grønlandske landskab. På samme tid var vi også glade for endelig at komme afsted. Alle tanker, vi måtte have haft, blev afbrudt af det pludselige brøl fra motorerne, der kæmpede mod de bremsede hjul. Derefter blev bremserne sluppet, flyet accelererede, og vi begyndte at køre hurtigt ud ad den korte startbane.

Med fuld kraft bevægede vi os hurtigere og hurtigere. Til sidst var vi i luften og drejede skarpt til venstre for at flyve ned langs fjorden. Vi var på vej hjem.

Et par minutter senere tændte indikatorlysene, og vi løsnede sikkerhedsselerne og tog redningsvestene af. Vi fløj ned langs den lange fjord, og gjorde os det behageligt til den flyvning, der ventede forude. Vores første destination var Torbay Field, lige uden for St. Johns, Newfoundland.

Vi ville ikke nå frem til staterne på denne første del af turen, så spændingen for hjemkomsten havde endnu ikke nået sit klimaks.

Flyets indre var helt typisk for et militært transportfly, med bænkesæder langs vinduerne parallelt med flyets længde. Intet kabinepersonale eller lydisolering, men ikke desto mindre kunne vi tale sammen, og blive hørt uden besvær.

Med ombord på flyet var løjtnant Thompson, en PR-medarbejder, der var blevet sat til at skrive vores historie til officiel medieudgivelse, en militærfotograf og en officer fra ATC-hovedkvarteret i Fort Totten, New York. Disse mænd var alle fløjet til Grønland med flyet.

De personlige interviews, som vi gav til løjtnant Thompson, hjalp os med at få tiden til at gå, men ellers udholdt vi rutineflyvningen med rastløs forventning. Løjtnant Thompson var tidligere avisreporter i det civile liv,

Ombord C-54: West med løjtnant Thompson, som skriver vores historie til medierne på sin skrivemaskine.

og han hamrede løs på den bærbare skrivemaskine med to fingre, da han skrev sine artikler ud fra vores svar på hans spørgsmål.

Skyerne under os blev færre, da vi passerede over Newfoundlands kystlinje. Væk var den psykologiske barriere om en nødlanding på havet, selvom ødemarken over store dele af det område ikke var meget bedre, og til nogen trøst, hvis flyet styrtede ned. Vi passerede Gander Field (som en måned senere blev eftersøgningshovedkvarter for et nedstyrtet transatlantisk passagerfly) og ændrede kurs mod Torbay Field.

En time senere, netop som vi landede ved Torbay, blev det meget dårligt vejr.

Vi udtrykte vores bekymring over for piloten om, at vi måske ikke ville få lov til at lette næste morgen til Mitchel Field. Han forsikrede os, at han havde ordrer om at få os til New York - uanset vejret. Det var en trøstende følelse, at vejret for en gangs skyld, ikke ville påvirke os.

Bussen fra flyvepladsen kørte os til Fort Pepperell, der er en militærbase lige uden for St. Johns. Det var lige efter at alle var færdige med aftensmaden, men en messe-sergent blev udset til at tilberede os et måltid. Han undskyldte, at han ikke havde nogle rester fra aftensmaden, men han kunne give os nogle æg, frugt, tomater og frisk mælk.

"Friske æg og frugt?," udbrød vi!
"Og tomater!"
"Det er godt nok for os! Bare fortsæt med at sætte det frem, du har, indtil vi siger stop!"

Sergenten syntes nok, at vi var de mest taknemmelige spisere, han nogensinde havde serveret for, især i hæren. Og det var vi - uden tvivl.

***

I et forrygende regnvejr gik vi næste morgen ombord på flyet for at flyve til New York. Piloten havde lidt svært ved at få tilladelse til at lette, men han sejrede til sidst over operationsofficeren i kontroltårnet. Endelig kunne vi ånde lettede op. Da vi taxiede ud på startbanen, begyndte vi at fornemme, at staterne nu var tæt på. Kun fem timer væk.

Vores flyveplan til USA viste, at vi skulle ind over Boston. Sigtbarheden var perfekt, og fra vores højde på 16.000 fod (ca. 5000 meter) havde vi ingen problemer med at udpege detaljer på jorden. Under den fortsatte flyvning til Connecticut, frydede vi os over de funklende farver på landbrugsjorden under os. Tynde streger tegnede hovedveje mellem byerne. Endelig blev vi overbeviste om, at der var mennesker under os. Vi skulle ikke overflyve mere vildmark. Der var ikke flere mellemlandinger. For hver kilometer, vi tilbagelagde, kom vi tættere og tættere på målet.

Vi forlod Connecticuts kystlinje og krydsede over Long Island fjorden.

Snart var vi over land igen. Vi bemærkede på dette tidspunkt, at vi nu fløj i lav højde. Vi var over Long Island, og påbegyndte landing. Mitchel Field kom endelig til syne, og der blev givet ordre til at spænde sikkerhedsselerne. Dette øjeblik var kulminationen! Der var ikke flere horisonter, der skulle indhentes, eller geografiske grænser, der skulle passeres. Vi kunne se vores destination lige under os.

Træerne og husene rejste sig større og større, og de så ud til at passere hurtigere, efterhånden som vi kom nærmere jorden. Vi passerede en hovedvej, og så var der ikke flere træer eller huse, men kun en betonlandingsbane. Vi ventede på stødet, der ville signalere kontakt med jorden. Det kom endelig, og så blødt, som kun en erfaren og dygtig pilot kan gøre det. Vi taxiede til en plads foran administrationsbygningen. Her løsnede vi sikkerhedsselerne og forberedte os på at indånde luften og duften af den virkelige verden.

Det startede med åbning af døren. Eskorte officerens eneste bemærkning var: "Det ser ud til, der er nogen, der venter på jer."

***

Et batteri af fotografer og journalister ventede på, at vi kom ud af flyet. Først bad fotograferne os om at posere på trappen, mens de tog billeder. Den næste time eller deromkring var travl, da vi alle blev interviewet om vores oplevelser. For os var det hele fuldkommen forvirring, og vi fik kun ringe mulighed for at samle vores tanker. Det var tydeligt, at vi havde ført det stille og rolige liv så længe, at vi var decideret uforberedte på så meget opmærksomhed og det pludselige, hurtige tempo.

Til sidst blev vi befriet fra disse uvante omgivelser og transporteret med bus til Fort Totten, hvor vi skulle overnatte. En motorcykeleskorte førte an. Vi var glade for at blive befriet fra forvirringen af journalisterne på flyvepladsen, men vi var endnu gladere for at se hastighedsbegrænsningsskiltet ved indgangen til basen. Den hastighed vi

Figure 85. Arrival at Mitchel Field, Long Island, NY. August 28, 1946. Army file photo.

Ankomst til Mitchel Field, Long Island, 28. august 1946.
Militært foto

kørte med, var uvant og lidt for hurtig for os efter så mange måneder med hundeslædehastighed. Vi indså, at det ville tage lidt længere tid at vænne sig til civilisationens vaner, end vi oprindeligt havde forestillet os.

Næste morgen stillede vi op til den særlige ceremoni i brigadefører Gaffneys hovedkvarter. Hver af os blev tildelt Hærens fortjenstmedalje:

> "For fortjenstfuld tjeneste, som medlemmer af hærens flyvetroppers vejrtjeneste i Hvalrosbugten, Grønland, fra 29. juli 1945 til 31. juli 1946..., gennem loyal hengivenhed til pligten, og fuld forståelse for

185

de uundgåelige omstændigheder, der fik dem til at udholde livet på
denne isolerede forpost, længe efter at have opnået berettigelse til
hjemsendelse, efter ydet tjeneste af enestående værdi for
lufttransportkommandoen og hærens luftstyrker. Det faktum, at
tjenesten blev udført under stress og store moralske udfordringer på
grund af stationens utilgængelighed, gør denne mission til en endnu
større præstation...."

Dette var vores belønning, og ifølge hæren havde vi fortjent den. For os var
det ikke en pris for præstationen, men mere for omstændigheder. Vi vidste,
at vi ikke gjorde noget ud over det sædvanlige under vores tjeneste.
Enhver, der arbejdede under lignende forhold, ville have fulgt samme
fremgangsmåde, som vi gjorde. Fortjenstmedaljen repræsenterede for os
mere end blot en indsats. Den symboliserede også et år af vores liv.

*Brigadegeneral, Dale V. Gaffney, foretager medaljeoverrækkelse
på Ford Totten. Militært foto.*

Aviserne rapporterede os som værende "De sidste soldater fra Anden Verdenskrig er nu hjemme fra Arktis"

***

Så sluttede det hele: Året, det indledende og slutningen. Os alle elleve, hvis livsveje havde krydset hinanden, og var blevet smeltet sammen i over et år, skulle nu skilles og søge sine egne veje. Om vi nogensinde skulle mødes igen, ville kun fremtiden vise. I den seneste tid havde vi allerede sikret et minde. Måske ville erindringen om det forgangne år ikke altid være behagelig, men den var ikke desto mindre smedet ind i erindringen for altid.

Vi ville nu mærke den fantastiske fornemmelse af den personlige frihed, der følger efter isolation og den ubeskrivelige følelse af frustration, der følger af at være glemt.

For altid ville vi huske den specielle og barske form for frihed i det arktiske, blandet med glæden over kammeratskabet i de behagelige, opvarmede bygninger.

Hvor end vi ville rejse i fremtiden, ville vi sammenligne ethvert landskab, med de barske, nøgne klipper, og det kridhvide vintershow af is og sne højt mod nord.

Vintrene løsnede herefter grebet om os, og vi skulle i tilbageblik visualisere den arktiske kulings ubøjelige og kompromisløse raseri.

Mindet om nordlyset var nu vores, sammen med den ekstatiske glæde ved at se solen igen efter mange måneders fravær.

Vi ville for altid huske de lokale grønlændere, og hvor venlige og glade de var, selv med få materielle ejendele, og det selv om de levede i et barskt og bestandigt miljø.

Frem for alt ville vi huske den særlige følelse af lettelse, vi fik, da vi endelig kunne vende tilbage til det liv, vi et år tidligere havde forladt.

Vi ville have disse minder sammen med få andre i denne verden – veteranerne, der gjorde tjeneste i en arktisk forpost. I stille stunder ville vi måske nogle gange ligefrem længes efter en kortvarig tilbagevenden til landet med den stille og iboende ensomhed.

Indtil da rejste vi alle elleve hver vores vej og vendte tilbage til de hjem, familier og folk, der aldrig før havde hørt om Hvalrosbugten og Scoresbysund i Grønland.

Slut, 1946.

Kapitel 9 – Avisartikler

Hæren bringer 11 "is-isolerede" G.I.'er[69] hjem

Soldater stationeret i et år på grønlandsk vejrstation på trods af højt pointtal[70].

MITCHEL FIELD L. I. 28. AUGUST.

Elleve amerikanske soldater, der var isbundet i et år på en lille vejrstation tilhørende hærens luftvåben på Grønlands østlige centrale kyst, ankom til Mitchel Field i et C-54 transportfly i eftermiddags og modtog hyldest for deres "befrielse".

Hvis disse mænds midsommerafgang i 1945 fra Narsarsuaq i det sydlige Grønland til Hvalrosbugten i nord,

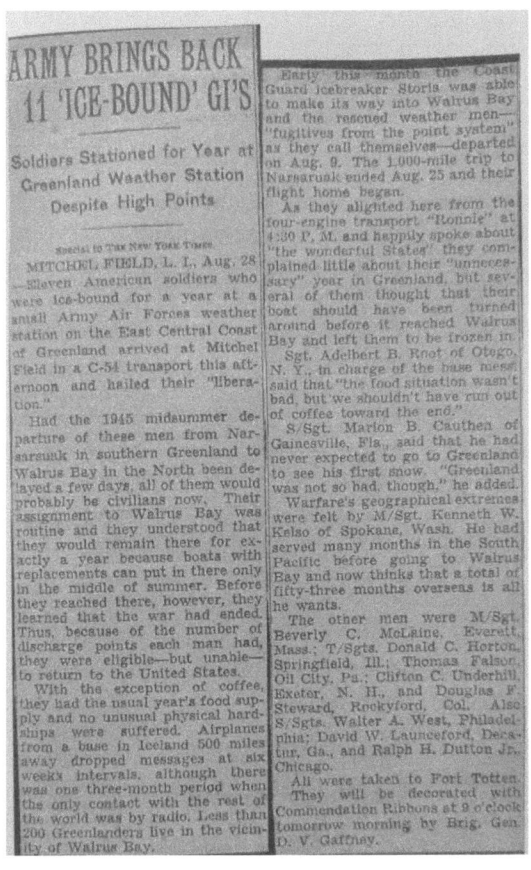

New York Times, 29. august 1946

---

[69] G.I.: Oprindelsen af dette populære kælenavn for amerikanske soldater er noget grumset. En populær teori forbinder udtrykket med det tidlige 19-hundredetal, hvor "G.I." blev stemplet på militære spande og skraldespande. Forkortelsen på to bogstaver stod for det materiale, som disse genstande var lavet af: galvaniseret jern (Galvanized Iron).

[70] I forbindelse med militærtjeneste blev enhver amerikansk soldat tildelt et antal point baseret på, hvor længe de havde været i udlandet, hvor mange dekorationer de var tildelt, hvor mange slag/kampe de havde deltaget i, og hvor mange børn de havde. Ved opnåelse af 85 point, var man berettiget til at blive hjemsendt.

ikke var blevet forsinket nogle dage, ville de nok alle være civile nu. Deres udsendelse til Hvalrosbugten var rutinemæssig, og de vidste på forhånd, at de ville blive der i præcis et år, fordi skibe med afløsning først kunne komme dertil midt på sommeren i år. Inden de nåede frem, fik de imidlertid at vide, at krigen var afsluttet. De kom alle fra vidt forskellige stater, og var således berettigede, men ude af stand til, at vende tilbage til USA.

Med undtagelse af kaffe havde de adgang til normal proviant, og de blev ikke udsat for hårde, fysiske strabadser. Flyvemaskiner fra en base i Island, 800 kilometer væk, nedkastede post med seks ugers mellemrum, selvom der var en periode på tre måneder, hvor den eneste kontakt til omverden var via radio. Der bor under 200 grønlændere i nærheden af Hvalrosbugten.

I begyndelsen af denne måned kunne kystvagtens isbryder, STORIS, bane sig vej ind i Hvalrosbugten for at redde de vejrmænd, "som var på ventelisten", som de kaldte det. Skibet afgik den 9. august og den 25., efter 1600 kilometers sejlads, ankom det til Narsarsuaq, hvorfra flyveturen hjemad begyndte

Ved 16.30-tiden steg de ud fra det 4-motors transportfly, "Ronnie". De var glade og talte om, "det vidunderlige USA". De beklagede sig kun lidt over deres "unødvendige" år i Grønland, men flere af dem mente, at båden skulle være vendt om allerede inden den nåede Hvalrosbugten, så de havde undgået at fryse inde.

Sergent Adelbert B. Cauthen fra Gainesville, Florida, sagde, at han aldrig havde forventet at skulle til Grønland for at opleve sne for første gang. "Grønland var dog ikke så slem endda", tilføjede han.

Geografiske ekstremer i krigsførelse blev oplevet af oversergent Kenneth W. Kelso fra Spokane, Washington. Han havde gjort tjeneste mange måneder i det sydlige Stillehav, før han tog til Hvalrosbugten og mener nu, at i alt treoghalvtreds måneder i udlandet er nok, nu behøver han ikke mere.

De andre mænd var oversergent Beverly C. McLaine, Everett, Massachusetts, teknisk sergent Donald C. Horton, Springfield, Illinois, Thomas Falson, Oil City, Pennsylvania, Clifton C Underhill, Exeter, New Hampshire, og Douglas F. Steward, Rockyford, Colorado. Endvidere stabssergent Walter R. West, Philadelphia, David W. Launceford, Decator,

Georgia, og Ralph H. Dutton Junior, Chicago.

Alle bliver i morgen kl. 9 ført til Fort Totten, hvor brigadegeneral D.R.Gaffney vil overrække dem fortjenstmedaljer.

Strandede Grønlands G.I.er hjemme, 11 måneder forsinket

11 måneders fortvivlelse på grund af vejret, men de klager ikke

Forsinket i elleve måneder på grund af en kombination af Grønlands geografi og vejr, ankom i går kl. 16.30 elleve soldater endelig til Mitchell Field, Long Island. Det var ellers planlagt, at de skulle have været hjemsendt fra hæren i september sidste år.

Mændene havde siden juli 1945 betjent en fjerntliggende vejrstation, der blev drevet af hærens transportkommando ved Hvalrosbugten på Grønlands østkyst, 500 kilometer over polarcirklen. Den 9. august kunne en kystvagt-isbryder endelig bane sig vej gennem iskoldt vand og is for at afhente mændene. Bortset fra nogle få uger i løbet af året er bugten utilgængelig.

Selvom de havde grund til en god del G.I.-agtige klagepunkter, viste de elleve soldater ingen frustration. De syntes ikke at angre, udtrykte ingen bitterhed over deres prøvelser, og de klagede ikke.

De havde accepteret deres situation som uundgåelig. De meldte sig frivilligt til opgaven og vidste, at det ville blive for et år. Da krigen sluttede, næsten før de var begyndt på deres ensomme tur, ville hæren have bragt soldaterne tilbage til USA, så de kunne hjemsendes, men det var praktisk talt umuligt at nå frem til dem. Drengene gav ikke op. De var ensomme, men fast

New Your Herald Tribune, 29. august 1946

besluttede på ikke at have ondt af sig selv. Hæren udtrykte sin påskønnelse ved at sende et C-54 transportfly til Narsarsuaq for at hente mændene. Ingen af dem udtrykte dog ønske om, at melde sig igen.

Philadelphia Inquirer, 1. september 1946

Endelig hjemme fra Grønland

Livet var lidt ensformigt for 11 amerikanske soldater, der var strandet på en af hærens luftvåbens vejrstationer ved Scoresbysund, der er en lillebitte

(Billedtekst)
ENDELIG HJEMME FRA GRØNLAND
Sergent Walter West (til højre), fra 1519 W. Blavis street, viser her sin bror William, en tidligere marinesoldat, noget af det lokale tøj, han var iført i det år, han var udstationeret i Grønland. Certifikatet, William (Bill) holder i hånden, er det, der blev udstedt til Walter, da han krydsede polarcirklen. Philadelphia Inquirer, 1. september 1946

bygd i Grønland omkring 500 kilometer over polarcirklen. Det indrømmede en soldat fra Philadelphia, da han i går vendte hjem.

Philadelphianeren, der tilbragte næsten et år i Hvalrosbugten, er stabssergent Walther R. West, 22 år, søn af hr. og fru Forrest West, 1519 W. Blavis Street. Han har en bror, stabssergent William West, 27 år, som tjente ved marinen på Salomonøerne.

SOCIALE VANSKELIGHEDER
Den arktiske landsby, hvor den unge West tilbragte sin tid, har sin charme, men ville ikke appellere til ret mange, som et permanent sted at bo, sagde han ved sin ankomst hertil. Han og andre mænd fra hans gruppe blev fløjet til New York i et C-54 transportfly.

FORSINKET AF SEN TØVEJR
Det var det sene tøvejr, der holdt soldaterne tilbage i den lille grønlandske bygd, indtil juli i år. De ankom den 5. august sidste år for at foretage vejrobservationer. Båden afgik igen den 13. august, og isen begyndte at lægge sig på kysten i oktober, tidligere end den havde gjort de seneste 25 år.

A.T.C. (Air Traffic Control) Flyvekontroltjenesten afslører historien om, hvordan der flyves i Arktis

Af Carl Levin

PÅ EN NORDATLANTISK LUFTTRANSPORT KOMMANDOBASE.
11. november. - En af krigens største bedrifter, var erobringen af det arktiske vejr, for at muliggøre brug af Storcirkelruten til regulær lufttransport og sejlads året rundt, hvilket nu kan afsløres i sin helhed for første gang.

For at afsløre den militære hemmelighed, der har skjult den spændende historie om, hvordan hæren rykkede ind i Arktis, inviterer den nordatlantiske afdeling af A.T.C. en gruppe på tolv avismagasiner og radioskribenter på en inspektionstur til de fjerntliggende installationer, der blev udviklet under krigen.

Iklædt hærens seneste arktiske dragter, inklusive mange parkaer af pels og tykke tekstiler, er gruppen, ved den nordlige luftbase, under tilbagetog til de hjemlige baser i Newfoundland, Baffin Island, Grønland og Island.

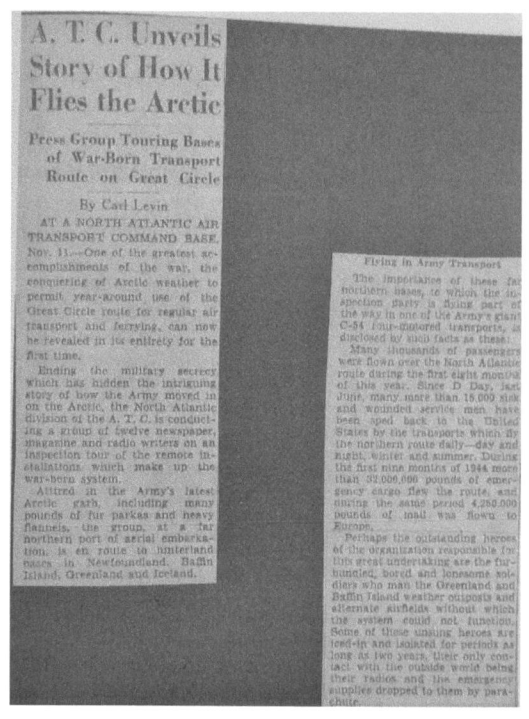

New York Herald tribune, oktober 1946.

Flytransport for hæren
Betydningen af disse fjerntliggende nordlige baser, hvortil inspektionsholdet flyver noget af vejen i en af hærens gigantiske C-54 fire-motoriserede transportfly, afsløres af disse fakta:

196

Mange tusinde passagerer blev fløjet over den nordatlantiske rute i løbet af de første otte måneder af dette år. Siden D-dag, i juni sidste år, er mere end 15.000 syge og sårede soldater blevet fløjet tilbage til USA af de transporter, der dagligt flyver den nordlige rute, dag og nat, sommer og vinter. I løbet af de første ni måneder af 1944 blev der fløjet mere end 32.000.000 pund nødfragt på ruten, og i samme periode blev der fløjet 4.250.000.000 pund post til Europa.

De enestående helte i organisationen var ansvarlige for denne store indsats. Det var de trætte og ensomme soldater, der bemandede vejrposterne i Grønland og Baffinøen, samt forskellige luftbaser. Uden deres indsats havde systemet ikke kunnet fungere. Nogle af disse u-besungne helte var iset inde og isoleret i perioder så længe som to år, hvor deres eneste kontakt med omverdenen var deres radioer og nødforsyningerne, som de fik kastet ned med faldskærm.

Epilog

Da jeg vendte tilbage til Lehigh University i juni 1948, efter endt uddannelse, og før jeg startede med at arbejde for Bell[71] i Pennsylvania, foretog jeg en køretur for at besøge Horton i Springfield, Illinois, Dutton i Chicago, Filson i Oil City, Pennsylvania, og Root i Otego New York.

I 1952 og igen i 1973 havde jeg korte lokale telefonsamtaler med Lunceford, men det lykkedes ikke at mødes med ham.

I 1964 mødtes jeg med Root, da jeg var på en uddannelsesrejse for firmaet i New York. I 1980 så jeg også Horton i Illinois, mens jeg var på forretningsrejse.

I 1989 havde jeg et kort besøg på cirka en time hos Dutton, nær hans plejehjem i Florida.

For få år siden gik Horton og Root bort. Og nu også Dutton.

Med hensyn til de andre mistede jeg kontakten og ved intet om dem.

I august 1986, præcis 40 år efter vi forlod Grønland, tog jeg på en fire-dages Iceland Air-tur til Angmagssalik[72], nær den gamle Ikatek-luftbase, sammen med min kone Ruth og min søster. Jeg skrev en artikel om mine observationer til Lehigh Alumni Magazine, der beskrev ændringerne i den lokale livsstil fra 1946 til 1986.

På denne tur havde jeg mine billeder fra 1945-1946 med. Jeg viste dem til borgmesteren i Angmagssalik, og han foreslog, at jeg skulle sende nogle af billederne til borgmesteren i Scoresbysund. Det gjorde jeg, og modtog senere et takkebrev. De har nu en officiel "moskusoksehoved"-logo på brevpapiret.

På vores to timers lange flyvninger til og fra Angmagssalik fra Reykjavik, Island, fløj vi over storisen i Danmarkstrædet. Fyrre år før og med hjælp fra isbryderen, behøvede vi timer og endda dage for at tilbagelægge den samme distance, som vi nu kunne klare på få minutter.

I 1998, under en tur til København, besøgte jeg Ib Poulsen, den tidligere leder af slædepatruljen, i hans hjem. Han var stadig rank og energisk og

---

[71] Bell: I denne forbindelse Bell Telephone Company of Philadelphia
[72] Angmagssalik er det nuværende Tasiilaq

besøgte stadig det nordøstlige Grønland. Han havde fortsat sin tjeneste i den danske hær, ofte i Grønland, og trak sig tilbage som oberst. Ib Poulsen gav mig telefonnummeret til (Major) Robert Sykes[73], tidligere vejrofficer, der boede i nærheden af Buffalo, New York. Da jeg kom hjem, ringede jeg til ham.

På flyveturen hjemad fløj vi over landingsbanen i Narsarsuaq. Fra 35.000 fods højde kunne jeg se det hele ganske tydeligt. Det så stadig øde ud, men selv fra den højde, bragte udsigten flere minder frem.

I 1991 læste jeg bogen "Den fjerde verden" af Sam Hall, om de indfødte folks situation højt mod nord, og vores moderne civilisations indvirkning på deres kultur. Jeg udvekslede korte breve med ham.

En dag i begyndelsen af 1992, fandt jeg tilfældigvis en rejseguide i en boghandel. Den hedder "Den ensomme verden - Island, Grønland og Færøerne[74]. " Jeg kiggede på afsnittet om Scoresbysund. Der stod:

> "Jagten i Scoresbysund-området (ca. 500 indbyggere) er stadig blandt verdens bedste, hvad angår isbjørn, moskusokse og sæl. Scoresbysund har dog en ekstrem høj forekomst af vold og endda mord. Da besøgende skiller sig ud, bør de vejledes i overensstemmelse hermed."

Modvilligt og med sorg, satte jeg bogen tilbage på hylden. Pludselig gik det op for mig, at "Scoresbysund og dets folk, som vi engang havde kendt, ikke var mere". De oplevelser, vi havde i løbet af vores år, kunne aldrig mere gentages af nogen. Verden havde ændret sig, og sammen med det, også det Arktis, som vi kendte det engang.

Vores minder var vores alene.

/1992

---

[73] Han gjorde en betydelig meteorologisk opdagelse alene ved hjælp af en simpel barograf. Han blev døbt "sø-effekt-sneens bedstefar". Søeffekt sne er et vejrfænomen, hvor kold luft over varme og åbne vandoverflader skaber massivt snefald over land. Robert Sykes blev angiveligt slået til ridder af Dannebrogordenen af Kong Christian X efter Anden Verdenskrig (jeg har dog ikke fundet dokumentation for den oplysning).

[74] Der er sandsynligvis rettelig tale om: Lonely Planets bog: Iceland, Greenland and Faeroe Islands

Efterskrift og gensyn med Grønland

Marts 1995

Da vores 50-års jubilæum for missionen i Hvalrosbugten nærmede sig, fik jeg lyst til en gang for alle at prøve, om jeg kunne finde frem til de andre.

Jeg fandt Dave Luncefords telefonnummer i Atlanta, Georgia. Han var da pensioneret sælger, men stadig aktiv og rejste en del. Seks børn og tre børnebørn.

Det tog mig tre telefonopkald at lokalisere Dough Steward i Colorado Springs, Colorado. Han havde solgt sin gård for mange år siden, og begyndte at arbejde med VVS, sammen med en af sine tre sønner. Han er nu pensioneret, men aktiv og går meget på jagt (naturligvis). De to andre sønner bor nu tæt på mig i Doyletown, Pennsylvania. Verden er lille.

Dough fortalte mig, at "Doc" Cauthen var gået bort omkring fire år efter vores hjemkomst. Han havde fået tuberkulose, mens vi var i Grønland - muligvis forårsaget af hans begrænsede udendørsaktiviteter og deraf mangel på frisk luft. Så listen over krigens ofre havde gjort krav på en af os.

Jeg forsøger stadig at finde de fire sidste:
McLane, Filson, Underhill, og Kelso

***

Transskribering[75] fra Lehigh Alumni Magazine – marts 1987

"Grønland bevarer minder," skriver Sloan Wilson i sin bog, "Isbrødrene".
"Ingen glemmer nogensinde, hvad der skete med ham der"

Nej, det har jeg bestemt heller ikke glemt. I 1945 og 1946 var jeg en af elleve mænd, der var udstationeret på den amerikanske hærs luftvåbens isolerede vejrstation ved Scoresbysund, der ligger 500 kilometer over polarcirklen, og som er en af to bosættelser på Grønlands østkyst.

Minder fra verdens største ø er forblevet levende i mit sind. I 1940'erne måtte grønlænderne tilpasse deres liv til det barske, naturlige miljø. De jagede og fiskede næsten al deres mad. Transport foregik med hundeslæde, i en lille båd og i kajak eller til fods. Der var ingen telefoner eller elektricitet. Kommunikation med omverdenen foregik ved kortbølgeradio, eller i morsekode med prikker og streger. Forsyningsskibet kom en gang om året i august måned.

I 40 år forsøgte jeg at forklare min kone, Ruth, så præcist som muligt, hvor goldt og vanskeligt livet var i dette overlevelsesorienterede samfund. Endelig, sidste år i august, efter mange års venten og planlægning, gik vi ombord på et turbopropel fly i Island, og startede min første rejse tilbage til Grønland.

Da vi landede, sagde mit første blik mig, at kun lidt havde ændret sig. Det bjergrige terræn havde stadig et barskt, grønlandsk udseende af gold og ugæstfri barskhed. Overvældende! Ingen steder var der træer eller buske. En Airbus jethelikopter fløj ind for at transportere os til landsbyen Angmagssalik, der ligger lige syd for polarcirklen. Den eneste bygd på Grønlands østkyst udover Scoresbysund.

Airbus'en var mit første visuelle indtryk af forandring på kanten af civilisationen. Den blev hurtigt fulgt af andre. Landsbyen havde fødevare- og tøjbutikker. Ja, endda et dansk bageri og et cafeteria! Der var motorkøretøjer, blandt andet en stor Mercedes-Benz, der fungerede som taxa. Der var også en asfalteret vej med gadelys, intet mindre.

Vi tog adskillige udflugter under vores 4-dages ophold for at nyde Grønlands enestående naturskønne omgivelser. Vi fløj i helikopter og

---

[75] Transskribering er at omdanne lydoptagelser fra tale til tekst.

sejlede med en trawler, der blev brugt til sæljagt, og vi så gigantiske gletsjere og indlandsis.

De danskere, jeg mødte, gav mig de minder, jeg helt sikkert vil bevare.

Der var blandt andet Peter Andersen, der har drevet en tøj- og gavebutik i Angmagssalik i toogtyve år. Da jeg mødte ham, var han iført jakkesæt, skjorte og slips. Skjorte og slips i Grønland? Utroligt! Mænd plejede at gå med anorakker, der er bomuldsvindjakker med hætter. Kajakkerne, harpunerne, flydeblærerne og andre jagtredskaber, der var udstillet i en montre i Peters butik, så bekendte ud, men den gamle fangerkultur er mere eller mindre væk. Jægere skal nu registrere sig for at få licenser, og kun fuldtidsfangere kan jage.

Jørgen Petersen, ingeniøren med ansvar for landsbyens telestation, viste mig det moderne telefonudstyr og satellitjordstationen. Jeg var forbløffet over, at de 1500 indbyggere i denne lille landsby faktisk kunne tale med omverdenen! Jeg foretog selv et par direkte opkald og talte med to mænd, jeg havde tjent sammen med i Scoresbysund.

Poul Hennings, der tidligere jagede i området langt nord for Scoresby Sund, arbejder nu på deltid for den lokale kabel-tv-station for at supplere sin pension og opsparing. Ja, selv Grønland har nu kabel! Pouls kone er fra Scoresbysund. Da jeg viste dem mine billeder fra 1946, genkendte hun sin søster. Jeg tænkte på de gamle ord om, at verden er lille, og det har i hvert fald ikke ændret sig.

Angmagssaliks borgmester, Ole Mathiassen, foreslog, at jeg sendte nogle af mine billeder til Scoresbysunds borgmester. Beboerne dér, var interesserede i deres historie, fortalte han mig, men de havde kun få fotografier fra 1940'erne. Jeg efterkom med glæde forslaget, og borgmesteren i Scoresbysund sendte mig senere et brev for at fortælle mig, at mine billeder ville indgå i landsbymuseet. Jeg syntes, det var mærkeligt, men tilfredsstillende, at blive bedt om at hjælpe folk i et andet land med at skrive deres egen historic og deres egen kultur.

Vi forberedte os på at vende tilbage til Island, og jeg kunne ikke lade være med at tænke på, hvordan årene havde ændret Grønland. Fra Lehigh havde mange af os trænet og arbejdet på, at få forandring til at ske. At se kontrasten fra en epoke til en anden på egen hånd og uden forberedelse, havde for mig været som at gå ind i en tidslomme.

Men én ting havde ikke ændret sig. Tågen satte ind, og vores Icelandair-fly måtte vente to dage, før den kunne hente os.

Endelig klarede vejret op. Da vi lettede fra Angmagssalik, mindede min kone mig om alle de historier, jeg havde fortalt om kulden, den hylende kuling, isolationen, de primitive forhold og den hyppige mangel på fornødenheder, for ikke at nævne bekvemmeligheder. Hun kiggede ud ad vinduet på den asfalterede landingsbane, på telestationen og på vejen, bilerne og gadelygterne.

Så fik hun det sidste ord - set fra 1986's perspektiv
"Ud fra det, jeg har set," sagde hun, "ser det ikke ud til, at du havde det så hårdt."

Walter R. West, var radiosonde operatør for hæren, og tog en bachelorgrad i maskinteknik fra Lehigh i 1948. Han trak sig tilbage som distriktspersonalechef fra Bell of Pennsylvania i 1982 efter 33 års tjeneste, og har for nylig startet "Capture The Feeling[76]" – en diasshow-virksomhed med rejsebeskrivelser.

---

[76] Capture the feeling: At fastholde øjeblikket

Spring House Estates Newsletter – oktober 2002

Mit gensyn med Grønland i august 2002 – Walter R. West.

Jeg har skrevet denne korte beretning om mine oplevelser og følelser fra min seneste rejse i august 2002 til det nordøstlige Grønland. Mit formål var at besøge stedet for min udsendelse til vejrstationen i Hvalrosbugten under anden verdenskrig (fra august 1945 til august 1946), for at besøge den nærliggende landsby Scoresbysund, nu kendt som Ittoqqortoormiit[77], og for at nyde en lille sejltur op ad smukke Scoresby Sund.

Placering: Det høje Arktis - næsten 500 kilometer over polarcirklen.

Denne tur skabte følelser, der var anderledes end nogen af mine tidligere ferieture, fordi jeg sammenlignede "nuet" med det, jeg havde set før, over halvtreds år tidligere. Jeg var i landsbyen, og besøgte mange mennesker i nutidens Scoresbysund. Jeg mindedes det nærliggende sted, hvor min, nu nedlagte, vejrstation lå. Jeg så det endda også fra luften. Frem for alt følte jeg begejstringen og privilegiet over, at kunne dele alle disse følelser og oplevelser med min søn, Robert, som denne gang var med mig.

Da vi var på stedet, hvor vejrstationen lå, oplevede jeg, at jeg til tider havde problemer med at orientere mig, selvom jeg havde nogle gamle billeder med mig. De store klipper og de nærliggende bjerge havde ikke ændret sig. Det havde kun mine perspektiver på det punkt. Jeg oplevede "kronen på værket af refleksion." Tæt på, hvor vores driftsbygning engang stod, fandt vi noget, der var fastklemt mellem klipperne. Det var et slidt omslag, indeholdende formularer fra luftstyrkernes jordobservationer af den type, som vi brugte dengang tilbage i 1945-1946. Dette vejrbidte omslag havde været udsat for det arktiske vejrs hærgen siden 1948, efter at danskerne havde flyttet vejrstationen og revet bygningerne ned. Intet forgår i Arktis. Denne blok med formularer hænger nu i en lille ramme på væggen i mit hjem.

I landsbyen kunne jeg se, hvordan deres kultur nu havde ændret sig i forhold til mit ophold i 1945-1946. Det er ikke længere et "jagt-for-overlevelse" samfund. Den danske regering er nu meget generøs, og udleverer madkuponer til brug i butikken. Der er også sundhedspleje og et alderdomshjem, som jeg besøgte. Som et resultat af deres "intet-behov-for-jagt", kombineret med ingen væsentlig kommerciel eller industriaktivitet

---

[77] Ittoqqortoormiit betyder, oversat til dansk: "Stedet med de store huse"

for at skaffe beskæftigelse, er landsbybeboerne ikke i stand til at holde sig selv beskæftiget. Som følge heraf, med deres adgang til alkohol, fik jeg at vide, at der lejlighedsvis er hændelser, der kan føre til uregerlig adfærd. Nu er der endda en to-mands politistyrke. Jeg fandt dog, at landsbybeboerne fortsat er lige så høflige, venlige og rolige som før. Generelt er det stadig en isoleret og fredelig verden deroppe.

En morgen klatrede jeg op ad trætrappen på den stejle bakke for at besøge personalet på den nuværende, kombinerede telefon- og vejrobservationsstation. Disse trappetrin var blevet lavet, siden jeg var der sidst. I entréen til bygningen er en udstillingstavle med nye telefoner til salg. Tilbage i 1945 var der ingen i landsbyen, der havde telefon. På stationen oplevede jeg opsendelse af en luftballon - mit gamle ansvarsområde. Opfyldningen af ballonen er ikke længere en kedelig, og til dels farlig, proces, med at generere brint ved at bruge kemikalier. I stedet bruges elektrolyse af vand, som nu er en kilde til at udvinde brinten. Når først ballonen er sluppet, er der ingen menneskelig indgriben i håndteringen af data. Manuel registrering af tal til data under flyvningen er ikke længere en selvfølge. Alle data, der transmitteres fra det instrument, som ballonen bærer, overføres automatisk digitalt til stationen, og sendes derefter igen til et hovedkvarter i København. Mens jeg var på kontoret, lagde jeg mærke til en velkendt manual på bogreolen. Det var en gammel vedligeholdelsesmanual fra den amerikanske hærs luftvåben til sporingsudstyret i den øvre atmosfære, som jeg 57 år tidligere havde betjent og vedligeholdt under min tjeneste. Den tilstedeværende stationschef havde beholdt den som souvenir, da udstyret blev udskiftet for mange år siden. Omslaget bar stadig mit håndskrevne navn. Det er klart, at det at se denne vejledning med mit navn på, gav mig nogle uventede minder og refleksioner.

Her følger yderligere et par af mine mange oplevelser og følelser:
*I 1945 var den eneste måde at komme til Scoresbysund på med skib om sensommeren, gennem kilometervis af pakis. Derefter tog det os omkring en uge at sejle med isbryder til Reykjavik, Island. På denne tur, i 2002, fløj jeg med en lille tyve passagers Fokker turbopropel flyver fra Reykjavik til en lille flyveplads[78] omkring 30 kilometer fra Scoresbysund. Under optimalt vejr og med næsten klar himmel, er flyvetiden omkring to en halv time.

---

[78] Flyvepladsen hedder Konstabel Pynt

Denne lille flyveplads blev bygget et par år forinden i forbindelse med et olieselskabs efterforskninger i området, og var netop blevet åbnet for kommerciel flytrafik til/fra Scoresbysund. Forbindelser mellem landsbyen og flyvepladsen er med hundeslæde om vinteren og med en lille båd eller helikopter i sommermånederne.

*Da vi fløj til landsbyen med helikopteren, passerede vi direkte hen over min gamle vejrstation i Hvalrosbugten. Jeg var begejstret over at se den igen, især fra luften, og jeg havde ingen problemer med at identificere de vartegn, som havde været så velkendte for os i løbet af vores år på forposten. Dengang var området, der nu lå under os, dog den visuelle grænse for vores verden. Det golde, brunlige terræn så ud som før, stadig blottet for al vegetation.

*Vores helikopter landede på en lille flad helikopterlandingsplads, anlagt på en bakketop nær landsbyen. Jeg blev kørt i et lille pickup-køretøj til et nyt gæstehus på en fjeldskråning i landsbyen. Der er ingen hoteller. Landsbyens veje er ikke asfalterede, men er blot anlagt på det barske, bakkede terræn. I 1945 var der slet ingen veje, for der var ingen køretøjer, men kun hundehold. Nu ses nogle firehjulstrukne biler, små terrængående lastbiler og firehjulede elektriske køretøjer.

*Landsbyboernes huse ligger spredt rundt på skråningernes mange sider. Befolkningstallet er nu på omkring 500. Til sammenligning var der i 1945 blot 100 indbyggere, så landsbyen virkede nu meget mere travl. I 1945 var bygdebestyrerens, skolelærerens og radiooperatørens huse de eneste store og malede bygninger. Nu er alle huse lyst malet i røde, blå og gule farver. Boligerne er nu store nok til at kunne indeholde flere rum, sammenlignet med de små triste enkeltrums trækonstruktioner fra 1945 (cirka 3 gange 4 meter), med deres meter-tykke ydervægge, beklædt med tørv.

*De fleste af husene har nu snescootere stående udenfor, men de står ubrugte i de snefri sommermåneder. Jeg har på fornemmelsen, at hundehold ikke længere anses for at være uundværlige. Jeg kunne heller ikke lade være med at foretage andre sammenligninger med alle de materielle ændringer og løft, som landsbyen har gennemgået. For eksempel: satellit-tv og en ny stor skolebygning med computere.

For at fortsætte min odyssé til ende, så var vi en lille turgruppe på fem, der i en lille båd var på campingtur i 5 dage og 4 nætter. Vi sejlede 300 kilometer op ad Scoresby Sund, der er det største fjordsystem i verden. Vi fulgte stort set den samme rute, som jeg tidligere fulgte i august 1945, da jeg var på en hval-/sæljagt ekspedition med seks grønlændere. Dengang var sigtbarheden dog begrænset af tåge og lave skyer. På denne, min nuværende rejse, nød vi det klare vejr, og vi så det spektakulære landskab med dets utallige majestætisk smukke fjelde, isbjerge og gletsjere. På vores lejrpladser, glædede vi os over udsigten, og den stille uovertruffen skønhed. En nat stoppede vi ved en stor fangsthytte, kaldet Gurreholm, som nogle gange har været brugt af forskergrupper. Jeg havde faktisk boet her en nat præcis 57 år tidligere. Mens jeg var der denne gang, skrev jeg mit navn og en kort beretning om mine følelser i en notesbog og "gæstebog", der lå på en hylde, og jeg tilføjede også noget "graffiti" til det, der allerede var på væggen:

"Walter West - I was here, august 1945 and august 2002".

Jeg er måske den eneste nulevende person, der er i stand til at komme med denne udtalelse. Nøgternt!

Spring House Estates Newsletter – november 2011

Mit besøg i Scoresbysund, Grønland, september 2011.

Den 13. september 2011 besøgte jeg min tidligere vejrstation ved
Hvalrosbugten, nær den lille landsby Scorebysund (nu kendt som
Ittoqqortoormiit) i det nordøstlige Grønland. Her følger en e-mail fra min
danske kontakt, Torben Hansen, der er administrativt ansat i landsbyen.

Kære Walter

Det var dejligt at høre fra dig igen og vide, at du er kommet sikkert hjem.

Grønlænderen, der fulgte os på turen, er Evald Simonsen. Jeg har
overbragt dine hilsener til ham.

Den tidligere borgmester, der modtog mindepladen og bogen, er Erling
Madsen. Han er nu vores lokale jagtbetjent.

Nedenfor finder du en oversættelse af min artikel om dit besøg. Jeg håber,
det er forståeligt engelsk, da jeg har forsøgt at holde oversættelsen så tæt
som muligt på den originale danske tekst.

Fra: Torben Hørup Hansen (trykt i Grønlandsposten)
Sendt: 21. september 2011 06:18
Emne: Efter dit besøg

"87-årig amerikaner donerer en mindeplade[79]

*Walter R. West fik efter 65 år, genset amerikanernes gamle vejrstation
ved Ittoqqortoormiit.*

Krydstogtskibet "EXPEDITION", med 120 turister ombord, besøgte
Ittoqqortoormiit i midten af september måned. Én af passagerne var
Walter R. West fra USA. Han er den sidste overlevende af det USAAF-
mandskab, der bemandede den amerikanske vejrstation i Hvalros Bugten i
perioden fra august 1945 til august 1946. Den ældre herre opholdt sig et år
på vejrstationen som 21-årig. Det skriver sermersooq.gl.

Walter R. West ønskede at overrække en mindeplade til beboerne i
Ittoqqortoormiit, til minde om hans og hans kammeraters ophold på

---

[79] Artiklen kan læses på internettet her: https://sermitsiaq.ag/87-aarig-
amerikaner-giver-mindeplade

vejrstationen og den imødekommenhed, som de blev mødt med af de daværende beboere i Ittoqqortoormiit. Mindepladen og bogen "The Year" (Året), som han har skrevet om opholdet tilbage i 1945-1946, overrakte han ved museet, i overværelse af en større samling turister og lokale. Mindepladen blev overrakt til tidligere borgmester, Erling Madsen, som repræsentant for Ittoqqortoormiit.

Fra museet gik turen i bil til Hvalrosbugten, hvor Walter R. West fik set resterne af den vejrstation, han var med til at bemande. Han fik taget en masse billeder og kunne fortælle, hvad de forskellige bygninger var blevet brugt til, og hvor hans seng havde stået.

Mange hilsner, Torben Hørup Hansen

Grønland, september 2011 – af Walter West

I løbet af 2011 foretog jeg to rejser forbundet med meningsfyldte minder fra Anden Verdenskrig.

På min pilgrimsrejse til de tropiske Salomonøerne i august, gik jeg i min brors fodspor under hans deltagelse med de amerikanske marinesoldater i en af de vigtigste centrale baser under Anden Verdenskrig. En måned senere var jeg i højarktis i det nordøstlige Grønland for igen at besøge stedet, hvor jeg havde tjent i et år ved krigens afslutning. Denne gang var jeg dog passager på et særligt "ekspeditions"-krydstogtskib med start fra Spitsbergen på øen Svalbard, der ligger nord for Norge.

Det var planlagt, at vi skulle gå i land kortvarigt. Det skete ved brug af små gummibåde på udvalgte steder langs Grønlands nordøstkyst. Inklusiv den lille, nordligste landsby, Scoresbysund, der siden krigen bærer det grønlandske navn "Ittoqqortoormiit". De 120 passagerer ombord på skibet kom fra mange forskellige lande rundt om i verden. Heraf var vi kun omkring et dusin fra USA. Jeg havde oprindeligt været her i et år fra september 1945, kort efter at krigen var slut i Europa. Jeg var der som vejrobservatør for den amerikanske hærs luftstyrker (USAAF) i en elleve-mandsbesætning på den isolerede vejrpoststation i Hvalrosbugten. Her var vi placeret lidt over en kilometer uden for landsbyen, på positionen - 70 grader og 30 minutter Nord. På det tidspunkt var vi den nordligste amerikanske militærstation i verden.

Vores opgaver på stationen var at indsamle og derefter transmittere vitale vejrdata, der blev brugt af meteorologer til at forudsige vejret over Nordatlanten og Europa. Vi var en af mange sådanne USAAF-stationer, der under krigen var placeret i hele det arktiske område.

Den 30. juli 1945 havde isbryderen USCGC STORIS og hærens transport- og forsyningsskib USS BELLE ISLE bragt os til dette sted. Vi afløste det tidligere mandskab og overtog stationens opgaver til vores et-årige udstationering på vejrstationen. Den 13. august var det nødvendige forsynings- og reparationsarbejde afsluttet, og de to skibe afgik. Vi var alene, som planlagt. Næste dag, den 14. august, kapitulerede Japan!

Den pludselige afslutning på krigen, som følge af atombomberne og Japans overgivelse, den 2. september 1945 (VJ-dagen[80]), ændrede imidlertid vores status. Vi ville alle have været berettiget til hjemsendelse fra hæren. På dette tidspunkt havde den enorme storis ud for Grønlands østkyst allerede etableret sig, og den amerikanske kystvagt og hærens luftstyrker konkluderede, at de ikke kunne komme tilbage for at hente os. Derfor måtte vi blive der, som oprindeligt planlagt, indtil den følgende august 1946, hvor isen normalt igen ville forsvinde. Først på det tidspunkt brød STORIS endelig gennem isen, og kunne hente os, så vi kunne komme hjem. Vi blev kendte som det sidste amerikanske militærpersonale, der blev hjemsendt fra 2. verdenskrig i USA, ud af over 12 millioner soldater i uniform.

I dette område af Arktis opererede vi i 1945-1946 under følgende forhold:

*Forsyningsskibes anløb var begrænset til august måned.
*Der var ingen flyveplads.
*Langdistancehelikoptere eksisterede endnu ikke.
*Indgående post til os blev nedkastet fra fly kun fire gange i løbet af året.
*Radiokommunikation var begrænset til vejrdata og foregik via morsekode (prikker og streger).
*Nogle gange havde vi heller ingen radiosignaler overhovedet på grund af atmosfærisk radioblindhed. Ved to lejligheder i op til to uger.
*I løbet af vinteren havde vi fem storme på op til 190 km/t, måske højere.
*På den breddegrad var vores mørketid fra midten af november til midten af januar, med kun fire timers svagt tusmørke ved middagstid i midten af december. I mørketiden var nordlyset dog ofte strålende og spektakulært!
*Vores samspil med de lokale grønlænderne var begrænset til særlige fest- eller jubilæums lejligheder, der altid var under landsbyens bygdebestyrers strenge kontrol.
*Under en krigsudsendelse ville vi naturligvis have accepteret disse forhold, som en del af vores pligt på stationen. Men i vores uventede "tilfangetagelsesmiljø", sammenlignet med vores venner og familiemedlemmer, der blev hjemsendt tidligere, følte vi alle, at vi tjente under stor stress ved at vente på, at en isbryder skulle komme gennem isen for at hente os det følgende år i august.

---

[80] V-J dag: "Victory over Japan". Den 2. september blev de formelle overgivelsesdokumenter underskrevet ombord på USS Missouri i Tokyo Bay

På denne tur i 2011 vidste jeg, hvad jeg kunne forvente i landsbyen og på vores gamle vejrstation. I august 2002 var min søn Robert og jeg taget dertil for at besøge landsbyen og resterne af vejrstationen, samt for at tage på tur på den store fjord, Scoresby Sund. Siden jeg tog derfra i 1946, var landsbyen vokset fra 100 til omkring 500 mennesker. Deres kultur havde ændret sig fra et eksistensminimum som fangstkultur til et, hvor den danske regering stillede hjælp og mad til rådighed, så grønlænderne ikke længere behøvede at gå på fangst efter de nødvendige fødevarer. Deres grundlæggende fangstkultur var ikke længere tilladt[81], og da ingen industri kunne tilbyde dem arbejde, var arbejdsløsheden betydelig.

Vores vejrstations syv bygninger var alle blevet væltet i 1948, da danskerne, som vi havde overdraget stationen til, besluttede at flytte den til et andet sted. Et par år senere blev vejrobservationsstedet flyttet igen, og denne gang til en fjeldskråning lige over landsbyen, hvor den stadig ligger. I dag, med automatiseret og moderne teknologi, kræver arbejdet færre mænd til indsamling og overføring af vejrdata.

I 2002 gik min søn og jeg rundt på den stenede og golde slette, og jeg kunne identificere resterne af det, der havde været vores tidligere bygninger: Operationsbygningen til vejroptagelse og radiotransmission, messe og køkken, vores barak, værksted og dieselgeneratorer, udstyrsopbevaring, fødevarelager, skuret til brintgenerering til luftballoner og til sidst vores udhus. De var separate bygninger på grund af brandsikkerhedsmæssige årsager. De seks cirka 25 meter høje antennemaster på betonsokler, arrangeret i geometrisk mønster, blev også væltet og lagt på jorden. Jeg huskede det hele, og det vækkede mange minder, men jeg kunne ikke uden videre, gengive minderne om vores ekstreme arbejde i det arktiske til andre. Så ingen ville nok nogensinde igen opleve vores arbejdssted. Da vi forlod området tilbage i 2002, troede jeg virkelig, at jeg havde aflagt mit sidste besøg i landsbyen og på stedet for vores nu nedlagte station ved Hvalrosbugten.

I begyndelsen af 2011 modtog jeg, uafhængig af hinanden, e-mails fra to personer i Scoresbysund: Karina, en dansker, der ikke længere bor der, og Torben Hansen, en dansk teknisk administrator blandt landsbyens

---

[81]Jeg ved ikke, hvad forfatteren mener med "ikke længere tilladt". Mig bekendt har den danske regering aldrig lagt hindringer i vejen for "den grundlæggende fangstkultur"

personale. De sagde egentlig bare "Hej!", men disse e-mails førte til, at jeg uventet ville vende tilbage.

Jeg er glad for, at jeg gjorde det. For her er, hvad det førte til.

Lige før jeg tog hjemmefra på turen, var jeg bevidst om, at det var 65 år siden, at den amerikanske kystvagts isbryder, STORIS, brød igennem storisen for at bringe os hjem i august 1946.

Jeg begyndte at føle, at nu da jeg netop havde doneret et træ til min brors minde på Salomonøerne, skulle jeg måske også donere noget til minde om vores efterkrigstjeneste i det nordøstlige Grønland og vores påskønnelse af landsbybeboernes venlighed under vores tid i isolation fra omverdenen i løbet af det år. Nu, i en alder af 87 år, er jeg det sidste tilbageværende medlem af vores besætning, der kan gøre dette. Når jeg er borte, så vil ingen andre sandsynligvis være i stand til at gøre det. Derfor besluttede jeg at få lavet en mindeplade, som jeg kunne forære til landsbyen. På den er der to fotografier: et af os alle elleve og et af stationens bygninger, sammen med en kort historisk skrivelse på én side.

I polarområderne kaldes krydstogter som vores "ekspeditioner", fordi rejsende skal være fleksible, da vejr- eller isforhold kan fremtvinge en ændring i rejseplanen. Vi havde først krydset langs Svalbards bjergrige vestkyst, og derefter krydset Nordatlanten over til Grønlands nordøstkyst. Vores oprindelige tidsplan havde krævet, at vi skulle i land flere steder langs den naturskønne kystlinje i det nordøstlige Grønland, derefter til Scoresbysund og fjordområdet. Pakisforholdene forhindrede det, og vores kaptajn ændrede vores rute, der i stedet for to blev til fire dage i Scoresby Sund. Dette er verdens største fjord. Den er 40 kilometer bred ved mundingen, hvor landsbyen ligger. Den strækker sig 400 kilometer ind i landet, helt ind til indlandsisen. Det viste sig, at ingen af os ombord var kede af det, for så havde vi mere tid til at nyde denne spektakulære natur, og sejle op ad to sjældent besøgte sidearme til hovedfjorden.

Ydermere havde vi fordelen af uventet og sjældent krystalklart vejr i flere sammenhængende dage, og kunne derfor nyde denne spektakulære natur i det nordøstlige Grønland endnu mere, end jeg havde turdet håbe på. Det var bestemt ikke typisk arktisk vejr! Vores planlagte stop på fire timer i landsbyen var fastsat til den 14. september kl. 9.00. Derefter skulle vi så afslutte vores tur rundt i Grønland og endelig sejle mod sydøst over Atlanten til Island og derfra hjem.

For at forberede passagererne på landgangen i Scoresbysund, holdt jeg undervejs en briefing om formålet med vores vejrstation under 2. verdenskrig, samt landsbybeboernes fangstlivsstil i 1945, til sammenligning med, hvad de ville se ved deres kommende besøg. Jeg nævnte også, at jeg ville præsentere dem for en mindeplade til minde om vores krigstjeneste og vores påskønnelse af landsbybeboernes venlighed, som betød så meget for os det år under isolationen med dem.

Jeg havde forventet at overrække denne mindeplade til Torben på tomandshånd. Til min glædelige overraskelse udtrykte mange af de andre passagerer dog interesse for at være til stede i den anledning. Da jeg spurgte dem hvorfor, svarede de, at dette var en del af historien, og at de sjældent ville få en chance for at være vidne til - eller være en del af, en begivenhed som denne. Det er nok unødvendigt at nævne, at jeg var noget overrasket over deres interesse og anerkendelse. Vi kom i kontakt med Torben, og han besluttede, at vi skulle holde overrækkelsen lige uden for det lille museum, som ligger lige ud for det sted, hvor vi gik i land i landsbyen. Set fra mit synspunkt var det et passende sted, da den ultimative plads til mindepladen ville være på museet.

Endelig oprandt dagen, den 14. september, for vores ankomst til Scoresbysund. Da jeg steg ud af gummibåden i vandkanten, kom Torben hen til mig, og vi mødtes for første gang. Vi gik det korte stykke op ad bakken til museet. Da de andre passagerer var ankommet fra skibet, startede vi præsentationen. På grund af vores korte fire-timers ophold i land, var jeg forberedt på, at min tale skulle være kort. Det viste sig, at hvad jeg sagde på engelsk, oversatte Torben til dansk, og en tidligere borgmester i landsbyen oversatte så det danske til grønlandsk, for de tilstedeværende landsbyboere. Idet den nuværende borgmester var bortrejst, forærede borgerne mig på hans vegne en smuk fotobog af Grønland.

Efter den korte ceremoni kørte Torben mig i sin pickup til de steder, jeg havde håbet at besøge, alt imens de andre passagerer gik rundt og kiggede på landsbyen.

For at komme til min gamle vejrstation fra landsbyen kunne Torben nu køre os over en ny bulldozeret vej langs den stejle fjeldside. I 1945-1946 plejede vi, i sommermånederne, at vandre forsigtigt langs klipperne på denne fjeldside for at komme til landsbyen fra stationen, når der ikke var is på bugten. Som et resultat af denne nye "vej" har landsbybeboerne nu lettere adgang til de flade områder omkring den tidligere vejrstation for at bruge det til rekreative aktiviteter. Resterne omkring de gamle stationsbygninger er nu stort set blevet fjernet. Nu er kun de gamle gulve og rustne ovne tilbage fra hver bygning. Naturligvis tog jeg mange fotos, for at udbygge mine minder om året der. Torben tog et billede af mig, hvor jeg stod og kiggede på gulvet i vores tidligere messe og køkkenet med det gamle store komfur stående ved siden af. Han sendte senere en kopi af dette foto, sammen med en artikel om mit besøg fra hans hovedkontor i hovedstaden i det sydlige Grønland. Artiklen blev efterfølgende bragt elektronisk i Grønlands avis til de 50.000 indbyggere i de små samfund over hele Grønland.

Vi besøgte også Ib Lorentzen, den danske vejrstationsleder, som jeg mødte i 2002. Han er nu pensioneret og har begrænset mobilitet, og er stort set nødt til at holde sig i sit komfortable hjem. Vi udnyttede mit korte besøg med hovedsageligt at diskutere, hvad der var sket med nogle af de mennesker i Scoresbysund, som jeg engang havde kendt. Alle disse mennesker er nu rejst.

Til sidst besøgte vi den nuværende vejrstation, hvor vi mødte stationsleder, Tore Andreasen og hans mandskab. Jeg var naturligvis bekendt med indretningen af den nuværende vejrstation fra mit besøg i 2002. Bortset fra en tilføjelse. Brintpåfyldningsbygningen til vejrballonerne havde nu nyt elektrolyseudstyr, som gjorde det muligt at generere brint til en ballonopsendelse i løbet af et par timer, i modsætning til 2002, hvor dette tog en hel nat, og versus vores brug af ætsende kemikalier, som vi havde gjort tilbage i 1945-1946. Endnu et strejf af det moderne liv: På det, der ellers ville være de almindelige og bare vægge i det store ballonfyldningsrum, var der nu nye, 20x25 centimeter store portrætter af næsten alle beboere i landsbyen. Tore forklarede mig, at der for et par år siden var en dansk professionel fotograf, der påtog sig dette projekt, som ikke var helt færdigt endnu. Det er en unik og imponerende udstilling af de næsten 500 mennesker i landsbyen - fra et øjeblik i deres ellers begivenhedsløse liv. Og jeg kunne heller ikke lade være med at sammenligne denne scene med det stringente udseende af den funktionelle og simple trækonstruktion af vores brintskur, der var åbent for elementerne i løbet af vores år tilbage i 1945-1946.

På det tidspunkt, og alt for tidligt, var tiden inde til at gå tilbage, og ned ad den stejle bakke, hvor gummibåden lå og ventede på os. Mit korte og spændende besøg i Scoresbysund i dag var nu forbi. Torben og jeg sagde farvel, og jeg steg op i gummibåden for at vende tilbage til skibet. Jeg følte, at nu, ved mit sidste besøg i Scoresbysund, var mine minder fuldstændige: Jeg havde efterladt et stykke af USA deroppe med mindepladen "Til minde om besætningen på vejrstationen i Hvalrosbugten, Grønland, og Scoresbysund-landsbybeboerne i 1945 - 1946"

Den næste dag, under vores sidste forelæsninger, der stadig blev holdt på sejlturen til Island, holdt jeg endnu en kort tale til de andre passagerer om mine følelser af mit korte besøg, og takkede dem for deres interesse. For denne sidste gang var titlen på mit foredrag:

"Et år af mit liv, 66 år undervejs. (1945-2011)"

Tak til

Som afslutning på denne bog vil jeg gerne benytte lejligheden til at takke forfatteren, Walter R. Wests datter og søn for at give mig rettighederne til at oversætte og udgive denne bog, som jeg, i al beskedenhed, håber kan bidrage til at bevare både et lille stykke krigshistorie, og et lille stykke historie om livet i Scoresbysund – Ittoqqortoormiit i 1940érne.

Tak til Kaptajn Alf Trolles Legat, som har ydet økonomisk støtte til dette bogprojekt.

En helt særlig og kæmpestor tak skal lyde til min gode ven og tidligere kollega, Orla Bech, som har været så venlig at bruge utallige timer på at læse korrektur på bogen. Han har været en uvurderlig motivator, indpisker og plageånd. Jeg har ikke tal på alle de diskussioner vi har haft om tegnsætning og formuleringer. Orla har ikke altid fået sin vilje, men jeg tror på, at det samlede resultat er læseværdigt.
Tusind tak, Orla.